FICHA CATALOGRÁFICA
(Preparada na Editora)

Caruso, Léa Berenice, 1939-
C31u   Um olhar ao longe / Léa Berenice Caruso.
Araras, SP, IDE, 1ª edição, 2014.
288 p.
ISBN 978-85-7341-630-5
1. Romance 2. Espiritismo I. Título.

CDD-869.935
-133.9

Índices para catálogo sistemático
1. Romance: Século 21: Literatura brasileira 869.935
2. Espiritismo 133.9

LÉA CARUSO
Espírito YVONNE

Um
OLHAR
ao Longe

ide

ISBN 978-85-7341-630-5
1ª edição - setembro/2014
1ª reimpressão - abril/2014

Copyright © 2014,
Instituto de Difusão Espírita - IDE

Conselho Editorial:
Hércio Marcos Cintra Arantes
Doralice Scanavini Volk
Wilson Frungilo Júnior

Projeto Editorial:
Jairo Lorenzetti

Revisão de texto:
Mariana Frungilo

Capa:
César França de Oliveira

Diagramação:
Maria Isabel Estéfano Rissi

INSTITUTO DE DIFUSÃO ESPÍRITA - IDE
Av. Otto Barreto, 1067 - Cx. Postal 110
CEP 13600-970 - Araras/SP - Brasil
Fone (19) 3543-2400
CNPJ 44.220.101/0001-43
Inscrição Estadual 182.010.405.118
www.ideeditora.com.br
editorial@ideeditora.com.br

Todos os direitos reservados. Nenhuma parte desta publicação pode ser reproduzida, armazenada ou transmitida, total ou parcialmente, por quaisquer métodos ou processos, sem autorização do detentor do copyright.

LÉA CARUSO
Espírito YVONNE

Um OLHAR ao Longe

ide

SUMÁRIO

Nota, 9

1 - *O início de nosso trabalho*, 13
2 - *Alguns anos antes*, 23
3 - *No convento*, 79
4 - *Na universidade*, 93
5 - *Gerard procura Miranda*, 155
6 - *Lucrécio e Ludmila retornam da lua de mel*, 167
7 - *Lucrécio procura Strúbel*, 197
8 - *Strúbel retorna*, 235
9 - *A obra divina*, 261

NOTA

Nessa história, narrada por Yvonne, podemos perceber do que o amor é capaz, fonte divina de exuberante luz e beleza.

Com o conhecimento da Doutrina Espírita, nós sabemos que a vida na Terra é como uma escola que nos permite evoluir passo a passo; por esse motivo, a importância de vencermos os obstáculos que se nos apresentam, utilizando, vigilantes, nosso livre-arbítrio e seguindo as leis morais de Deus, sem desfalecermos.

Faz-se importante combater o orgulho e, através do amor incondicional, também o egoísmo, dedicando-nos a amar e amparar os irmãos que caminham conosco em sofrimento. Ninguém se sentirá deprimido em se dedicar ao mais necessitado, por isso a depressão é destrutível quando não a combatemos através da doação de nós mesmos. "A alegria dos outros – como disse Emmanuel a Chico Xavier – sempre será a nossa maior alegria."

É assim com aquele que não suporta as dores pelas quais passa e acredita que as barreiras que vê à sua frente são intransponíveis, não obtendo forças para vencê-las. Muitas vezes, imagina-se humilhado se sobreviver aos problemas que enfrenta e acha que a morte poderá livrá-lo dos tormentos. Em desespero, tira sua vida, sem se conscientizar de que o suicídio é a ação que mais danifica o Espírito e que os sofrimentos seguirão com ele, pois somos imortais. Com o suicídio, o ser cria para si mesmo o maior e o mais terrível sofrimento. Muitos suicidas, ao sentirem o desespero da passagem, em seus últimos instantes de vida na Terra, arrependem-se e desejam voltar atrás, sem o conseguir. O remorso os corrói e transforma-se em arma de angustiosa dor. Contudo, Deus, em seu imenso amor, jamais fechará as portas para seu reencontro com a felicidade e lhe permitirá reencarnar novamente, quase sempre com mutilações, de acordo com o órgão que foi danificado, dando-lhe a oportunidade de colher aquilo que semeou, através da lei de causa e efeito, e permitindo-lhe o reajuste com seu próximo e consigo mesmo.

Comparamos o suicídio às sementes que crescem viçosas, lançadas por nós em nosso caminho e que, com o temor de que o tempo as destrua, arrancamo-las em primeira mão.

Alfredo

1

O início DE NOSSO *trabalho*

> *"E disse-lhe: Onde está a vossa fé?"*
>
> Lucas, 8:25

Entardecia. A igreja se iluminava somente pelas lamparinas dos altares laterais. Gustavo entrou aturdido para implorar a Maria a saúde de sua filhinha. Já não tinha mais a esposa, e aquela criança era a satisfação de sua maturidade. Trabalhava como verdureiro e, sempre ao sair, deixava a menina com uma boa vizinha. Mas, naquele entardecer, ao chegar a sua casa, encontrou-a às portas da morte.

Chegou frente ao altar central. Ainda o aroma de incenso da última missa se fazia sentir. Ajoelhou-se de chofre, largando no piso frio seu corpo dolorido.

– Santa Maria! – implorava ele, com olhos chorosos erguidos à santa no altar. – Ajudai-me, imploro-vos! Não permitais que ela morra!

O ser humano, neste Planeta de provas e expiações e ainda neófito sobre a vida espiritual que se lhe vincula, trabalha para o sustento de sua família ou tenta percorrer caminhos de sucesso e, por diversas vezes, só cai de joelhos em uma situação como essa. E é aí que o Plano espiritual, entre tantos e tantos pedidos, desdobra-se para atender a todos. Quando uma oração é realizada com fé, há uma quantidade de Espíritos benignos que vêm em auxílio, verificando cada caso em particular e a assistência que deverá ser outorgada a cada um. Muito se recebe pelo merecimento. Na maioria das vezes, a desencarnação já está planejada no plano espiritual, no entanto, segundo cada caso, pode ser postergada. Uma plêiade de amigos espirituais se desdobra, constantemente, para atender aos pedidos e orações no Planeta.

O pai da enferma chegou em sua casa angustiado quanto à atitude que deveria tomar. Era noite de festejos onde morava e nenhum médico conseguira.

Agradecera à senhora Lourdes pelos cuidados à sua filha, tomando seu lugar nas compressas que, intuitivamente, ele colocava na frente da menina. A senhora deixou o quarto e, achando-se só, o verdureiro apanhou as mãos da enferma, lavando-as com suas lágrimas.

– Sônia, minha filha, fica boa. Não te vás, meu anjinho. Acompanha este pai na tristeza de sua decadência física. Só tu és minha alegria. Trabalho por ti, carregando grandes fardos e, se não estou contigo em todos os momentos, é para que não te faltes o alimento. Não desistas, minha filha...

Nos lábios da menina inconsciente, palavras, para ele sem significados, eram balbuciadas. Dizia-lhe:

– Por que me abandonaste, Lucrécio? Vê onde me colocaste. Fiquei no mais fundo dos abismos para poder ter um pedaço de pão para comer. Sinto fome, frio, e o tempo da nevasca não se vai... Quem me aquecerá agora? Onde está meu filho? Abusaste de mim dizendo que me amavas... Eu te amo, Lucrécio, mas somente tu és o culpado de meu sofrimento...

– Minha filhinha, tu deliras... De quem falas? Quem é esse desalmado? Será alguém que te fez algum mal, por isso falas assim?

Ensimesmado, ergueu-se, deixando a menina, e encaminhou-se para a vizinha. Ela deveria saber quem era aquele malfeitor.

– Senhora, não vês meu desespero? Como foi me esconder que um homem esteve aqui, abusando de minha menina? Ela diz coisas incoerentes, fala de um tal Lucrécio...

– Como? O que o senhor está me dizendo? Não saio do lado dessa criança desde o dia em que procurei fazer o bem a ela, e o senhor me acusa?

– Perdoa-me. Sinto-me enlouquecer! Já fui até a catedral pedir para a Virgem Santa, mas ela não me ouviu. Os santos não querem saber de nós. Por isso, nunca vou à igreja.

– Não te revoltes, homem! Deve-se ter esperança! Trabalhaste o dia todo, agora descansa enquanto vou cuidar da menina.

– Não. Vou orar um pouco mais ao seu lado. Meu Deus! Socorrei-nos, meu Deus, suplico-vos!

Orou com todo ardor, pedindo aos Céus a saúde da filha, até pegar no sono, deitando a cabeça sobre a cama, perto da mãozinha dela.

Naquele momento, alguns benignos auxiliares da Superioridade Infinita, recebendo o chamamento ao auxílio, examinaram Gustavo, através de telas espirituais, e para lá se encaminharam. Uma faixa de luz, vinda pela prece, cortava o espaço, chegando até as alturas, atravessando o plano onde nós estávamos, como chamamento angustiado da alma paterna. Então, foi quando aqueles Espíritos elevados, sob a direção de Aulus, procuraram-nos e nos pediram para que permanecêssemos mais próximos à enferma e ao pai a fim de conhecermos o pedido de socorro e avaliarmos a necessidade de assistência, através dos méritos e deméritos daquelas almas entrelaçadas. Teríamos, conhecendo seu histórico, as respostas que necessitávamos para o melhor auxílio. Veríamos sua vida atual e viveríamos seu passado.

As entidades superiores aproximaram-se do homem, que implorara na igreja Nosso Senhor do Bonfim e que, naquele momento, adormecia, para analisar-lhe a mente. Depois, mergulharam na quase adolescente, com os olhos extremamente focados em seu perispírito, reavaliando sua caminhada passada, seus feitos, o que semeara de bom ou de mal em vida anterior e o que a fazia colher esse árduo fruto, de uma amargura de fel a seu pai, porque tudo é perfeição nas leis divinas.

Na face ainda infantil, uma palidez mórbida surgia. A senhora Lourdes, entre abatida e nervosa, reiniciou a desdobrar-se no leito da doente, tendo uma de suas filhas ao seu lado, que analisava o fato assustada.

O pai chamava-se Gustavo Ferraz de Albuquerque e, pelo que víamos, era ele o devedor daquela pobre alma padecente: a menina Sônia. Estavam as duas almas retornando ao Planeta para, agora, reajustarem-se com as leis divinas. Ele prometera no Plano Espiritual que, desta vez, não falharia, pedindo a Deus para que pudesse auxiliá-la e que teria com ela todo o cuidado que não tivera nos passados anos, assim perdoaria a si mesmo pelos acontecimentos da vida pregressa, quando convivera ao seu lado por um pouco de tempo. Ela, por sua vez, estaria resgatando o erro de ter tirado a própria vida naquela encarnação. Se ela não se curasse, Gustavo perderia a oportunidade de cumprir com sua promessa que, inconscientemente, desejava de todo o coração.

Recostado, os delírios da pobre criança despertaram-no ao compromisso que precisaria ser saldado e, chorando, novamente orou. Os amigos espirituais, apesar de não serem vistos ou sentidos pela senhora Lourdes e pelo pai da criança, ali tentavam solucionar o caso, atentamente. Conosco nos acompanhava uma equipe de médicos e enfermeiros.

Reconhecemos na menina o caso amoroso que Gustavo não pudera manter e que abandonara ao seu próprio destino. Tirara-a da vida que vivia com o pai, sendo ela ainda adolescente, prometera-lhe o Céu, mas não cumprira com sua promessa de casamento, deixando-a a própria sorte.

Nós nos aproximamos com nosso grupo de pesquisadores, examinamos a mente de Gustavo e vimos, como em filme, o que se passava. A criança suava, com febre altíssima, enquanto a vizinha a auxiliava, atenta.

Examinamos, naquele momento em que verificávamos o passado, o encontro de almas afins, antes amantes, hoje familiares.

Trieste, século XIX.

Uma rica carruagem cortava o caminho pela estrada estreita dos arvoredos fechados. Nela, ia uma distinta senhora, com seu rico traje na cor cinza, em renda francesa, usando joias principescas, sendo que, à esquerda do peito, um broche em forma de brasão de família, em ouro e diamantes, chamava a atenção. Seus gestos mostravam a nobreza de seu sangue. O lencinho bordado, entre os dedos, de vez em vez, secava uma lágrima de seu olhar. Nas faces ainda belas, mas austeras, poder-se-ia notar as rugas que não conseguira esconder com o pó facial. Seus cabelos brancos, recolhidos em forma de coque, muito bem tratados, tendo-os na frente ondulados, levavam um pequeno chapéu de rendas com flores, muito bem confeccionado, que quem conhecesse diria ser francês, porque só em Paris poder-se-ia encontrar adereço tão belo. Em sua face havia tristeza, e em seus gestos, todo o orgulho que jamais conseguira disfarçar. Não obstante exibir aparência de dor, seu olhos escuros permaneciam em autêntica rigidez.

– Estou desiludida contigo, meu filho – dizia ela. – Fazes-me derramar lágrimas que não consigo controlar. Como ousas perturbar teus pais com um relacionamento desse gênero? A que distância estás de tuas raízes!

À sua frente, sentava-se um rapaz de nome Lucrécio Philip. Ele puxava com uma das mãos a cortininha da janela para ver melhor o que se passava na estrada e mirava a paisagem, que se lhe aparentava por sua alma, sofrida, fria e acinzentada. Era filho da condessa Sophie e de Lucrécio Ernest, conde de Buonafonte. Apesar de sério e ansioso, sentia orgulho de pertencer àquela abastada família da nobreza europeia. Naquele momento, percebia-se nele o respeito aos pais, mas também o temor de ser obrigado a abandonar a mulher que amava. E ele continuava calado, ouvindo a condessa falar:

— Teu pai deve ter ficado horrorizado diante dessa tua insolência. Se persistires com essa atitude, nada herdarás de nós. Todavia, a solução surgirá, agora que estamos visitando tua tia que está fenecendo, pobrezinha...

Calado, sem quase prestar atenção na mãe, Lucrécio ia pelas estradas com o coração feito em pedaços, imaginando o rosto adorado de Katherine: seus negros cabelos cacheados caindo sobre os ombros bronzeados, seus olhos brilhantes e firmes, mas de uma contagiante doçura quando o fitava, e a bondade contida em seus gestos repletos de amor... Era a pessoa que escolheria para passar o resto de seus dias. Jamais sentira nada igual.

Enquanto a carruagem corria pelas estradas para chegar a Varsóvia, Lucrécio memorizava, com sentimento profundo no peito, a dor que sofreria se fosse obrigado a abandoná-la.

— Não me ouves, meu filho? Estás absorto em teus pensamentos, vejo eu, mas não há importância nisso, pois já está solucionado esse romance.

– Nada digas a meus tios, minha mãe, até eu resolver.

– Resolver o que já está resolvido? Jamais! Terá de ser agora.

Lucrécio apanhou as mãos da senhora Sophie e olhou bem nos seus olhos:

– Minha mãe, deixa-me relaxar um pouco. Prometo que, em algumas horas, estarei refeito.

– Se prometes, descanse antes.

2

Alguns ANOS *antes*

> *"De maneira que cada um de nós dará conta de si mesmo a Deus." -* **Paulo**
>
> Romanos, 14:12

Lucrécio foi sem os pais até a vila, em sua carruagem mais simples. Chegando à praça central, pediu para o cocheiro aguardar ali, porque ouvia um violino cigano e bater de palmas, como que acompanhando uma dança. Alguém dançava na feira de verduras. Desceu e encaminhou-se curioso. Foi se aproximando do grupo que estava em volta de uma dançarina, cuja face escondia-se entre o público, e somente seus braços elevados, estendidos aos céus, sacudindo suas pulseiras, eram avistados. A música cigana, vibrante, animou Lucrécio. Forçou a aproximação e viu, no centro do grupo, uma jovem de seus dezessete anos, dançando com muita graça. Vestia uma saia vermelha com babados e uma blusa branca. Descontraída, desvendava belos ombros e tinha a silhueta delineada por um corpete preto, trançado por fitas da cintura ao busto. Nos cabelos longos e escuros, uma flor natural vermelha e inúmeras pulseiras nos braços.

– Uma linda cigana! – disse para si mesmo Lucrécio. – E distinta.

Lucrécio parou bem na frente do grupo, encantado com o que assistia. A jovem o viu e teve como que um choque, continuando a dançar só para ele, que sorria extasiado. Quando o violino e os pandeiros pararam, ela passou frente a Lucrécio, que ficou imóvel. Ele tentou apanhá-la para lhe dar um beijo, quando viu se aproximar o violinista. O pai da jovem largou o violino e puxou-a bruscamente.

– Vem, Katy – ordenou-lhe, olhando sério para Lucrécio. – Agora, vamos para casa, isto aqui está ficando perigoso.

— Katy, esse é teu nome – comentou Lucrécio, sorrindo para ela. – Espero que aqui voltes.

A jovem saiu com os olhos fixos no rapaz. Andava e olhava para trás. Teve por ele uma atração muito forte, mas Lindolfo a puxava, sisudo, e assim desapareceram entre a multidão.

Desse dia em diante, Lucrécio Philip nem mais dormia direito. Passou a frequentar mais as feiras de verduras e frutas, mas sem a reencontrar. A fisionomia e o olhar da jovem, que vira dançar, como que o haviam anestesiado. Estava fixado naquela bela mulher e não descansaria enquanto não voltasse a vê-la. Começou a procurá-la, então, nos grupos de ciganos, mas da bela jovem de nome Katherine ninguém sabia dizer.

— Lucrécio Ernest, meu esposo, já vistes como teu filho está afoito e angustiado? – comentava a mãe do rapaz ao vê-lo sempre desarvorado. – Quer sair a toda hora, e o cocheiro me disse ontem que ele procura por carroças de ciganos. Perguntei a ele o que tanto quer na rua.

— Ora, Sophie, deve ser um rabo de saias... Não entendes, afinal, a juventude masculina. Isso porque não és um homem, e sim uma senhora inocente. Os arroubos da juventude fazem-nos, por vezes, perder a cabeça; sei por mim. Eu também fui assim. Contudo, conhecendo bem nosso primogênito, tenho certeza de que ele jamais perderá a cabeça. Deixa o rapaz se divertir.

– Mas tenho receio de que ele se enrosque com alguma vadia.

– Ora, minha esposa, isso ele não fará, não é louco. Nosso filho tem a cabeça no lugar, pelo menos é isso o que pensamos dele, com suas maneiras adultas de atuar e sua educação de *gentleman*. E se isso acontecer, será obrigado a abandoná-la, ou não me chamo Lucrécio. Sabemos como ele gosta de viajar. Logo, irá para Varsóvia a estudos. Fará lá a sua especialização em Medicina e também será o melhor na esgrima, que ama e que, por sinal, servirá para se defender de algum homem ciumento.

Ambos riram.

– Penso que já estamos aumentando as coisas, não é, esposo?

– São os hormônios que o comandam, mulher. Oh, juventude! Saudade de meus lindos tempos!

– Quando eu não existia em tua vida, não é? Sei...

– Não disse isso.

Lucrécio Ernest, o progenitor, ergueu-se da cadeira onde se sentava e dirigiu os olhos para o horizonte, olhando o mar à distância, com seu porto, onde grandes embarcações atracavam, com o pensamento no filho, enquanto Sophie balbuciava alguma coisa que ele não chegou a ouvir. Mas sabíamos que eram impropérios a respeito das inovações que levariam seu filho para longe de casa.

O jovem rapaz, sem nada dizer aos pais, procurava os amigos e com eles só falava sobre Katy, o nome mais belo para ele. Sob os olhares risonhos de seus amigos, dizia-lhes:

– Foi amor à primeira vista, ela está em meus pensamentos, em meus sonhos, em minha vida.

Uma tarde, convidou dois amigos da mesma Universidade para irem com ele à casa de campo, com a finalidade de pescarem. Com a confirmação amorável, Lucrécio dispensou o cocheiro, porque ele mesmo queria dirigir o transporte. Foi, então, até a grande e opulenta residência do amigo Adolfo Augusto Severini para apanhá-lo. Lá aguardava-o também, Gerard Deport, um sorridente rapaz austríaco de loiros cabelos crespos. Ambos estranharam o carro sem o cocheiro, e Gerard, muito brincalhão, expressou-se ao amigo, rindo-se:

— Olha só o nosso colega, Adolfo. Ele deve estar querendo confidenciar algo que sua mãe não pode saber, para vir ele mesmo comandando os próprios cavalos.

E como farra de jovens saídos da adolescência, Adolfo mexeu com Lucrécio:

— Mas o que é isso? Nunca te vi movimentar uma carroça, quanto mais um coche fino destes. O que há contigo?

Olhando-os de cima, Lucrécio arguiu:

— Estou com meu coração a rebentar e necessito conversar com vocês.

— Viste, Adolfo? Ele está com medo da mãe!

— Para com isso, Gerard, e sobe! Vós podeis ir mais acomodados lá atrás. No entanto...

— Sim, eu vou na frente contigo para que possas desabafar tua sensibilidade amorosa no caminho, nobre conde – ponderou Adolfo.

— Conde? Pois sim! Sou é um cigano neste momento.

Todos riram. Gerard acomodou-se nos confortáveis assentos traseiros, enquanto Adolfo, o que estava mais interessado em saber as novidades da vida amorosa do amigo, sentou-se ao seu lado.

Saíram lentamente até chegarem à estrada que os levaria à casa de campo de Lucrécio.

– Então? Pretendes na volta levar alguns peixes para casa? – perguntou-lhe Adolfo, troçando, ao moço que ia calado por todo o trajeto.

Como Lucrécio nada respondia, o amigo insistia em saber mais:

– Pensas nela, não é? Mas como deves estar aflito, meu amigo...

Em resposta, obteve:

– Não quero falar agora, estou preocupado. Deixa-me a sós com meus amoráveis pensamentos, Severini, que te agradecerei.

– Está bem, se assim o desejas.

Andaram mais ou menos uma hora em silêncio até que Lucrécio continuou, como se estivesse falando consigo mesmo:

– Se respiro, lembro-a e desejo respirar o mesmo ar que ela; se saio com a carruagem de papai, imagino-a correndo para me encontrar, porque um dia ela me viu naquela carruagem... Ah, amigo, como estou sofrendo...

– Ora, Lucrécio – argumentou Adolfo Augusto –,

o jeito é procurá-la e ter essa mulher contigo, se não, enlouquecerás. Tens a alma cheia de arroubos, e eu mesmo sei como são essas coisas. És capaz de te atirar nos braços desejosos da cigana, pedindo-lhe que se case contigo.

– Gostaria de... Ora, mas como adivinhaste o que penso?

– Bem, meu amigo, esse tipo de paixão é assim... Como fruta que se deseja deliciar e, depois, colocar o que resta dela na lata do lixo.

– Não... Quero Katy para ser minha esposa, e para toda a vida.

– É, vejo que essa tua ânsia te fará insano. Casar-se com uma cigana em tua posição? Ora, meu amigo, tu deves estar sonhando. Magoarás toda a tua família. E quanto à sociedade? Abandonar-nos-á, permanecendo recluso? Sim, porque serás exterminado por todos, isso sim.

Lucrécio não havia imaginado como continuaria sua vida com a cigana. Mas não quis pensar. Mudou de assunto por um momento, indagando aos amigos em alta voz para que Gerard também o ouvisse:

– Trouxeram as espadas para treinarmos um pouco a esgrima?

– Lógico, queremos ver quem, desta vez, será o perdedor, porque sempre me vences – respondeu-lhe Gerard. – Penso que queres treinar bastante para te defenderes do pai daquela bela jovem – e riu-se.

– Não faças gracejos por algo tão profundo, meu amigo. O que dizes não me faz graça nenhuma, e o que sinto só me dá insônia durante toda a noite. Ardo de amores por ela.

A carruagem alcançou verdes prados e parou frente a enorme portão de ferro, aberto num lance por Lucrécio, que pulou da carruagem e logo voltou para seguir adiante os trezentos metros que os distanciavam da moradia de campo. Alguns empregados foram atendê-los, mas ele confirmou que estava tudo bem e que só precisariam fechar o portão da entrada.

Tanto Gerard quanto Adolfo Augusto também desceram, apanhando as pequenas bagagens e adentrando na belíssima residência de vinte dormitórios em estilo provençal.

– Descansemos um pouco, amigos – pediu-lhes o anfitrião.

Todos foram se sentar no gabinete da residência, frente à grande janela que dava para a fachada da moradia, de onde se podia avistar a carruagem e as belas e frondosas árvores nas laterais. Ao receberem do empregado Sandro um refresco que sua esposa Francisca havia feito, Lucrécio Philip agradeceu:

– Obrigado pelo refresco, Sandro. Deixa a bandeja aí na mesa lateral e podes sair.

– Tem algo mais no carro para eu apanhar, senhor?

– Traze somente as espadas e coloca-as ali no *hall* da entrada, próximo à escadaria.

– Direi para Francisca preparar codornas, ou o senhor prefere coelhos para a ceia?

– Sei que tudo o que ela faz é gostoso, e ela sabe de minhas preferências. Cearemos mais tarde hoje, visto que estamos um pouco cansados e ficaremos aqui no gabinete.

– Está bem, senhor, se assim desejas.

Logo que o servo saiu, Lucrécio apanhou uma bebida forte e serviu aos amigos, que já estavam acomodados nas poltronas, sendo que Gerard apoiava uma das pernas em um dos braços da poltrona em que se sentava.

– Lembro-me das festas nessa casa quando ainda tua irmã era viva – comentou esse último. – Ah como lembro... Há quantos anos não vínhamos aqui...

– Três anos. Eu me lembro do aniversário dela

e das danças... Ela rodopiava ali na frente... pobre Antonia... – arguiu Adolfo, mais sério.

Lucrécio, sentado em uma poltrona com o copo de bebida ainda nas mãos, depositou-o na mesa lateral e começou a voltar no tempo, mais precisamente naquela noite em que Antonia estava muito feliz no dia de seu aniversário.

A música alegre fazia-o movimentar o corpo enlaçado à irmã, descontraída jovem de seus dezoito anos, que vestia um traje muito bem elaborado na cor branca, com detalhes em renda francesa e flores no peito. A residência estava toda iluminada com grandes castiçais, visto que naquela região a iluminação a gás ainda não havia chegado. O jardim, por quase dois mil metros adiante, clareava-se com a iluminação de tochas a óleo colocadas nos altos pedestais, chegando até o lago. Dali em diante, era a Lua que, de tão límpida, iluminava os diversos caminhos como a convidar os visitantes para um gostoso passeio ao luar. Seus pais, sorridentes, atendiam com alegria os convidados vizinhos e aqueles que haviam deixado grandes distâncias e que seriam seus hóspedes noturnos. Os diversos serviçais já haviam deixado os dormitórios prontos, com seus brancos lençóis, e o salão aprumado, com as toalhas de linho inglês e muitas flores, camélias brancas, em vasos distribuídos acima dos elaborados móveis franceses.

Gerard, Martinho e Adolfo, seus amigos inseparáveis, uniram-se ao grupo de outros jovens colegas de Antonia, e a confraria tornou-se mais vibrante.

– Como estás linda, Antonia. Hoje, mais que nunca – lembrou-se Lucrécio do que dissera a ela naquela noite –, viste que os meus amigos fizeram questão de vir te homenagear?

– Sim, notei que quase todos eles não me tiram os olhos.

– E por quem vacilas, ou nenhum te interessa?

– Todos são tão bonitos, Philip, que é difícil a escolha – comentou, rindo feliz –, mas não sei se me decidirei por algum deles, um dia.

– Eu, particularmente, acho que somente um dos três está firmemente apaixonado por ti. Sinto pelo seu olhar. Naquela semana em que ele aqui chegou com meus outros dois amigos, eu notei que não te largava, lembras? Depois, chegava todos os finais de semana, quando também vinhas. Olha como ele te devora com o olhar. Lá, próximo da escada.

– Ah... Martinho, o Miranda...

Antonia calou-se.

– Por que razão te calas? E ainda fazes essa carinha... No entanto, querida irmã, dizem que ele tem muitas posses.

– Não é o dinheiro que traz felicidade. Olha o caso da mãe dele...

– Prefiro não tocar nesse assunto, porque me entristeço. Pobre amigo, sua mãe se suicidou. Mas seu pai deveria ter sido um miserável com ela, apesar de, conosco, mostrar-se atencioso e alegre.

– É, meu irmão, mas sei também que o desespero, muitas vezes, leva a pessoa a tirar a própria vida.

– É o que todo mundo diz. E o casamento destrói-se por vezes quando, em dado momento da vida, a pessoa passa a realmente conhecer quem está ao seu lado, mas penso que não devemos julgar aquilo que não sabemos. Pode ter sido que a mãe dele estivesse demente, ou talvez muito infeliz. Não é, Antonia?

– É – falou ela, baixando a cabeça ensimesmada, mas logo, sorrindo e lembrando ser o dia de seu aniversário.

Mas Lucrécio Philip via tristeza em seu olhar.

– Mudaste teu ânimo em um instante – redarguiu ele.

– Sim, porque hoje eu quero ser feliz! – respondeu-lhe a irmã.

– Então... Amas Martinho?

– Talvez tenhas uma grande surpresa, rapaz curioso. Hoje, saberemos.

– Agora, vou descansar um pouco, Antonia. Meus pés estão cansados de rodopiar – anunciou.

– Vai, que também tentarei parar um pouco de dançar; apesar de que teus amigos me aguardam, mas terão de esperar a vez, porque com todos eles eu prometi dançar.

– Lucrécio, Lucrécio, dormes? – inquiriu-o Gerard.

– Deixa-o, Gerard, ele está com o pensamento no amor, seu coração está com Katy.

Ambos riram, e Lucrécio comentou, desejoso de desviar de vez aquelas lembranças da irmã que tanto amara:

– É... Desde aquela época, nada mais se fez nesta casa. Meu pai vem aqui somente uma vez por mês, depois do acidente, para administrar os empregados, senta-se nesse gabinete, olha para os quadros da parede, manda aquecer a peça com fogo na lareira e, após descansar um pouco, vai ter com eles para lhes dar ordens enquanto o administrador os paga. No dia seguinte, apanha sua cartola e retorna a Trieste. Acho que a lembrança da filha que amava está sempre com ele, apesar de que, lá em casa, ninguém comenta sobre isso. Deves lembrar bem, não é, Adolfo Augusto? Tu estavas aqui naquela noite e também Gerard.

– Não só nós três, mas todos nós, os quatro amigos inseparáveis e, entre nós, penso eu, o causador daquela tragédia... – relatou Gerard.

Lucrécio Philip olhou para ele com olhos inquiridores. O que aquele amigo sabia, afinal?

– Não sei se houve um acidente – comentou Adolfo –, mas se não foi, ela devia trazer consigo um grande segredo que a desesperava. E se assim o foi, não poderia ter sido provocado por um de nós, poderia? Talvez Martinho, Gerard?

Os dois amigos calaram-se, olhando para a perturbada face de seu anfitrião, com as sobrancelhas fechadas, nada mais desejando comentar.

– Respeito o silêncio de vocês e peço que seja mantido. Esqueçamos esse fato – finalizou Lucrécio.

Ali, junto a eles, um soluço cortou o silêncio

que se fez. Antonia fora atraída por esses pensamentos e chorava abundantemente. Ao se lembrar do que havia feito, colocava uma das mãos no ventre e a outra nos olhos, como a desejar secar suas lágrimas, mas recomeçava a sentir a angústia do momento doloroso que havia vivido. A falta de ar, a água entrando em suas narinas e tomando conta de seus pulmões, até chegar a alcançar o fundo lodoso do rio. Depois dos infindáveis segundos, que não passaram rápido, ao enfrentar a escuridão de sua própria mente, viu que não tinha morrido, e a angústia tomou-lhe o ser; sentindo-se alimento dos peixes. Por que razão não conseguia morrer? Pediu por socorro, mas ninguém a ouvia. Gritava, revoltava-se. E o fato voltava a desenvolver-se em uma série de dolorosos tormentos.

Todos ali sentiram o peso de sua vibração até o momento em que Adolfo resolveu quebrar o silencio:

– Peço-te desculpas, Lucrécio. Sinto um tremendo peso por ter iniciado esse comentário doloroso.

Lucrécio olhou-o, com os olhos úmidos.

– Não precisas dizer nada, meu amigo, mudemos o assunto anterior para falarmos sobre o coração que ama desesperadamente – mencionou-lhe Adolfo, sorrindo, meio sem jeito, desejando esquecer o acontecido.

– Sim, eu preciso desabafar com vocês o amor que me pressiona a alma. Deixemos minha infeliz irmã descansar, com a ajuda de Deus, se é possível alguém que morreu afogada ter descanso.

Antonia sentiu-se desandar quando o irmão falou em Deus, e Gerard, pensando nela, pediu também, calado, por sua alma.

– E esse coração, que deseja desabafar, só pode ser o teu, Lucrécio. Sabes quem estranhei por não teres convidado a essa casa de campo? Martinho...

– Deixa-o, ele nada saberá, se nada a ele disserem. Convidei-vos porque, entre todos, sois por quem tenho maior apreço.

– Obrigado, de minha parte – referiu-se Adolfo –, isso agora encheu meu peito de orgulho.

Gerard, com o copo nas mãos, apreensivo, lembrando-se de algo, saiu da sala, deixando-os a sós.

– Mas o que houve com ele? – indagou Lucrécio, apontando com o copo para a porta aberta.

– Ele não deve ter esquecido Antonia. Amava-a, mas só eu o sei – relatou Adolfo Augusto Severini.

– Que triste! Mas por que eu nunca soube disso? Então, é por esse motivo que ele saiu quando falávamos nela. Quem sabe não devemos ir atrás dele?

– Deixa-o. Enquanto ele caminha lá fora, espairece. Olha – Adolfo apontou para a janela –, lá está ele. Cabisbaixo, caminha entre aquelas árvores. O entardecer faz-lhe esse tipo de coisas, deixa nele uma tremenda tristeza, uma enorme saudade.

– Mas ele é tão alegre... – comentou Lucrécio – ou, pelo menos, representa muito bem.

– Talvez queira fugir das lembranças com as brincadeiras que faz. Mas, voltando a esse assunto, eu te garanto que ficarás contente com o que vou te dizer. Eu estava pensando em uma coisa, Lucrécio.

– Dize logo. O que posso fazer para ter essa mulher comigo?

– A resposta está aqui mesmo, neste lugar, meu amigo.

– Resposta? Como assim? Aqui?

– Como nunca pensaste em trazer Katy para cá? Esta casa de campo é ideal para um encontro amoroso. Empregados longe... a casa quase vazia... e teus pais na cidade. Não sentes o mesmo? Ela pode permanecer alguns dias aqui contigo, meu amigo, quiçá alguns meses, se calares esses auxiliares com bom soldo. E, depois, darás algum valor para ela, quando dela estiveres cansado. Ciganas gostam de joias.

– Jamais me cansarei dela. Desejo casar-me com ela, isso sim, mas sei que enfrentarei grandes problemas.

Nesse momento, a porta se abriu, e a voz de Gerard se ouviu, pois escutara as palavras de Adolfo ao filho de Sophie.

– Assim, poderias ficar unido à tua amada e bem longe dos teus pais.

– Brindemos a essa ideia, que jamais teria tido, meu amigo – comentou Lucrécio, elevando seu copo.

Gerard, entrando, sorria ao ver os amigos quase ébrios.

– Finalmente, meu amigo, tu retornas. A noite desce, cobre as últimas claridades do dia, e as estrelas já aparecem. Por onde andaste? – indagou Adolfo.

– Fui até o lago e sentei-me lá, naquele banco, para pensar.

Depois de muito beberem, rindo muito, Lucrécio comunicou:

– Adolfo, eu saí com a carruagem, porque não quis chamar a atenção de meus pais para onde eu viria. Talvez, quando Katy estiver comigo nesta casa, pedirei a meu pai para ficar alguns meses aqui e, assim, cuidar de tudo em seu lugar.

— O que faremos agora? — perguntou Gerard, desejando mudar o assunto.

— Jogaremos depois da ceia ou treinaremos esgrima — respondeu-lhe o anfitrião.

— Não sei se conseguirei me movimentar na esgrima, pela quantidade de bebida que ingeri, Lucrécio — argumentou Adolfo Augusto.

— Eu luto contigo, Lucrécio — afirmou Gerard.

— Sim, mas agora vamos à ceia. Francisca entrou, eu a vi passar e sinto o aroma dos seus temperos na codorna.

— Ficarão por alguns dias? — perguntou a Lucrécio o serviçal Sandro, que por ali passava, colocando a cabeça no ambiente, sem entrar.

— Voltaremos pela manhã a Trieste.

— Aviso-lhe que os dormitórios já estão preparados, senhor.

— Obrigado. Agora, podeis descansar. Amanhã, Francisca retirará os pratos.

Ouvindo-o, ela, que o vira pequeninho ainda, entrou com as mãos na cintura, dizendo-lhe:

– Patrãozinho, o senhor me conhece, não é? Só vou embora depois de deixar tudo arrumado.

– Está bem, Francisca. Faze o que achares melhor – concordou, rindo-se do jeito dela e indo abraçá-la.

Depois da ceia, ainda ficaram uns minutos no gabinete, e logo Adolfo subiu para dormir, acompanhado de Sandro, que foi mostrar o dormitório que lhe destinava.

Gerard apanhou sua espada e, olhando para Lucrécio, sugeriu:

– Então... que tal apanhares tua espada? Preparado para me enfrentar? Talvez ganhes, pois estou quase caindo de cansado.

Lucrécio ergueu-se rapidamente, apanhou sua espada no hall de entrada, e os dois seguiram pela circulação até chegar à sala de esgrima. Depois de treinarem um pouco, sentaram-se para descansar, e Gerard abriu-se com o amigo, afirmando de vez:

– Realmente, estamos cansados e com a bebida ficou pior. Lucrécio, eu amava tua irmã.

– A amavas? Ora, e por que, na época, nada me disseste? Estou sabendo agora deste fato – relatou-lhe para não dizer que ficara sabendo disso há pouco e não acusar Adolfo.

— Eu fiz de tudo para chamar a atenção de Antonia, até ter coragem e pedi-la em casamento no dia da festa.

— Pediste-a? E o que aconteceu? Interesso-me em saber. O que ela te disse?

— Olhou-me com os olhos cheios de amor, dizendo que não imaginava que eu a amava e que eu deveria ter-lhe falado aquilo antes. Depois, perguntou-me por que eu fiquei calado por tanto tempo.

— E que mais ela te disse? Qual foi a conclusão do pedido?

— Rejeitou-me. Disse que àquela hora já era tarde.

— Teria sido por Miranda. Por falar nisso, vocês têm notícias dele? Ele como que sumiu. Ninguém me comentou mais nada sobre ele... — aclarou Lucrécio Philip.

— Ele voltou para a Península. Foi trabalhar com o pai.

Gerard, nesse momento, aproximou-se mais para falar confidencialmente ao amigo. Não desejava que ninguém os ouvisse:

— Lucrécio, o que houve realmente? Diga-me,

eu preciso saber se encontraram algum bilhete, alguma carta, se ela disse ou escreveu alguma coisa antes do... acidente.

– Olha, Gerard, realmente eu não desejava relatar a pessoa alguma o que minha irmã sentiu, mas vou abrir uma exceção para ti, já que a amavas. Não foi um acidente, foi suicídio. Aliás, meus pais não sabem dos fatos reais.

– Agradeço-te, amigo. Meu coração está em disparada.

– Foi assim: eu estava estarrecido, achava impossível que em um momento eu dançava com ela e noutro, depois da festa, ela não estava mais presente, havia desaparecido. Vocês já tinham voltado a Trieste.

– Sim, depois que ela me rejeitou, eu fui embora muito triste.

– Quando ela sumiu, seus amigos de escola ainda estavam aqui presentes; então, constatamos, eu e meus pais, que ela estava só. Mas as horas passavam... Os hóspedes foram acomodar-se, desconhecendo o fato. Nós ficamos acordados até o dia amanhecer, quando a polícia chegou para auxiliar na busca de Antonia por todos os lugares. Papai e mamãe estavam consternados quando a retiraram do lago no dia seguinte, mas eu não me dei por vencido. Achei mesmo que ela havia se suicidado e quis saber das verdadeiras razões que a fizeram tomar aquela insana atitude. Entrei no seu quarto e vasculhei gavetas, encontrando papéis assinados, cartas recebidas de amigos, nada de mais. Todavia, eu desejava algo mais sério. Foi quando, levantando seu travesseiro como se alguém me intuísse a fazê-lo, encontrei seu diário.

Os olhos de Gerard brilhavam.

– Então?

– Eu abri o diário, sentei-me na cama e fui lendo página por página. Mas não sei se devo relatar a ti a importância...

– Conta-me, por favor! – implorou o amigo. – Eu quis aproveitar que Adolfo se recolheu, exatamente, para indagar sobre esse assunto. Sinto-me angustiado.

– Bem, ali no diário, ela relatou o assédio de Miranda, o Martinho, a ela. A procura insistente dele enquanto ela visitava nossos jardins e o lago, cada vez que ele aqui vinha. Lembra-te? Muitas vezes, vós viestes nas férias e nos dias de domingo. Mas não sei se se destes conta de que os dois nunca estavam conosco.

– Sim, Martinho vinha conosco, mas se calava.

Jamais nos disse se a estimava ou não, contudo, eu via o olhar de desejo, que o despertava quando a via, e eu me perturbava com isso – contou Gerard ao amigo.

– Sim, Miranda é fechado, mas eu jamais pensei mal dele. Vestia-se para nadar ou dizia que iria pescar só para colocar as ideias em ordem, e assim saía de nossa presença. Mas não podia culpá-lo, sei o que é o amor, essa chama ardente que quer abastecer o coração com a mulher amada. Lembra-te, Gerard, que cada vez que ias até nossa casa da cidade, ele também lá estava? Mas, naquela época, eu não desconfiei de nada. Aliás, achava suas maneiras normais.

– Mas não sei por que ela não quis ficar comigo. Eu achei que ela me amava, por isso me declarei a ela na noite de seu aniversário, abaixo dos jasmineiros. Contudo, era tarde demais...

– Em seu diário, ela escreveu que, cada vez que colocavas os olhos nela, ela sentia-se desmaiar, tamanha sua felicidade. Ela te amava, Gerard. Nesses termos, eu pensei que não a querias, e que o amor entre vocês seria impossível.

– Ora, mas por que impossível se eu a amei tanto? Ela me amava, então? – inquiriu novamente ao amigo, emocionado.

– Não fiques triste, meu amigo. Não era para ser, veja bem que os momentos não correspondiam e que, quando a quiseste pedir em casamento, ela já não podia te aceitar. Quando nos advém esse tipo de ocorrência é porque não era para acontecer. Penso que tudo está escrito lá em cima – disse apontando para o alto.

– Mas o ser humano tem direito de ser livre, e creio que a falta de diálogo foi o que desgraçou nossas vidas.

– Não conheces a real história e tens ainda longo período de vida à frente.

– Não creio – falou, consternado.

– E eu acho que devo te contar a verdade para que melhore teu ânimo.

– Que verdade? Algo mais está atrás disso? – redarguiu Gerard, indignado.

– Meu amigo Gerard, sei que o segredo ficará só entre nós... Miranda a seduziu. Ele abusou dela, e a pobrezinha nada nos contou.

Gerard abriu mais os olhos e bateu com a mão na mesa que estava na lateral do banco.

– Como souberam disso se ela não contou a

ninguém, Lucrécio Philip? Oh, estou terrivelmente revoltado!

– Foi constatada na autópsia uma gravidez, mas eu pedi ao médico jamais dizer a meus pais. Além do que, eles considerariam uma vergonha para a família. Minha pobre irmã nada podia dizer, pois seria difamada, sabes como a sociedade é, não sabes? Não aceitariam uma jovem ter uma criança, sendo solteira. E ela sabia disso, por isso desesperou-se a tal modo que fez o que fez.

Gerard franziu o cenho e ficou com o olhar perdido. Via-se estar horrorizado com aquela notícia.

– Naquela noite em que ela parou de dançar comigo, dizendo que descansaria um pouco – continuou Lucrécio –, eu a vi sair pelo jardim iluminado, ao encontro de Martinho, que estava além. Penso que esse foi o motivo que o fez partir rapidamente. Ele voltou do jardim só e não estava aqui quando ela sumiu.

– No momento em que a apanhaste para dançar, eu já havia dito a ela que a amava – comentou Gerard.

– Continuando – relatou Lucrécio –, quando estávamos dançando, ela falou-me que eu teria uma surpresa ainda naquela noite. Claro, seria o anúncio do casamento entre os dois! Decerto, saiu de meus braços para relatar a gravidez a Miranda, achando que ele se casaria com ela, e eles anunciariam o noivado na festa! Ela estava grávida e sofreu calada o tempo todo!

Gerard ergueu-se e, com a mão na testa, começou a caminhar de um lado a outro.

– Então, ela suicidou-se porque ele não quis assumir o bebê... Ele a matou! E se teus pais, que não souberam o que houve, não acusaram Miranda – disse, voltando a se sentar.

– Como eu disse, eles nada souberam do que houve entre Miranda e minha irmã. Imaginaram que foi um acidente, porque, penso eu, a verdade os mataria. Queimei aquele diário para não difamar a imagem de minha irmã querida.

Gerard apanhou a espada e bateu na parede.

– Vou procurá-lo e acabar com ele!

– E é o que ele merece, no entanto, isso não vai trazê-la de volta, meu amigo – respondeu tristemente Lucrécio. – Deixemos a realeza divina tomar conta dele.

– O quê? Cruzas os braços? Mas eu não! E o amor que sufoquei no peito, esperando uma oportunidade?! Sabes tu, acaso, como sofri? Sofri várias vezes: a primeira, por ela rejeitar-me, e a segunda, por sua morte, e agora por saber que ela também me amava.

– Gerard, meu amigo, ouve-me... Meus pais, dessa parte, não têm ciência, morrerão se souberem disso. Como disse, pedi ao médico que nada relatasse a eles, que já são idosos. Para todos, ela caiu, foi um acidente. Deixa isso assim! Por favor.

– Sim, mas eu não sou de tua família e posso fazer tudo sem o brilho do Sol.

– O que queres dizer com isso?

– Verás, meu amigo, e tenha a certeza de que teus pais jamais saberão o que houve com ela.

– Não! Não te meterás em uma cadeia para morreres nela, isso não!

– Não quando se tem inteligência. Jamais porei as mãos nele, no entanto, sei como fazer.

Ao chegar a Trieste, Lucrécio procurou por Katy, onde a havia encontrado pela primeira vez, e a viu em uma rua meio deserta. Havia um alto estandarte com bandeirolas coloridas, marcando uma comemoração de ginetes a cavalo, e Katy estava lá, sorrindo, admirada. Lucrécio desceu do cavalo, apanhou sua mão, e fugiram de Lindolfo, pai dela, no meio da multidão. Foi nesse momento que o amor, realmente, nasceu entre os dois, começando a se verem às escondidas. Dias depois, preocupado, Lindolfo chamou-a particularmente:

— Minha filha, eu sei que aguardas pelo filho do conde, mas quero que deixes esse rapaz. Temo por ti. Em tua mão, Zohrak, a sensitiva, leu muita amargura e um futuro negro, minha filha, se com ele permaneceres. Lembras? Deixa-o. Tua mãe já não está conosco, e sou responsável por ti.

— Zohrak não fala a verdade, ela não quer me ver feliz, tem inveja do que sinto por jamais ter sido amada como eu, e... – parou um pouco, apanhou a mão do pai, que amava, dizendo-lhe, olhos nos olhos –: Meu pai, eu não posso deixá-lo. É um amor grande demais, sinto que estou no paraíso quando estou ao seu lado. Nós nos amamos.

— Mas sabes quem ele é? Ele é filho do homem que é quase dono deste lugar e comanda a todos nós. Não dará certo isso!

— Não importa. Ele disse que me quer e que se unirá a mim, e eu não vou deixá-lo!

— Katy, nós somos ciganos. Os pais dele não permitirão essa união, minha querida, por favor, escuta teu pai. Eu combinei com nosso bando para partirmos a Varsóvia. Deves vir conosco. Se o grupo souber desse teu caso, sofrerás humilhações. Larga esse homem, minha filha. Ele não te quer.

— Não posso. E não vou com vocês. Ficarei aqui em Trieste, e ninguém me arrancará daqui, nem o senhor, meu pai, nem o nosso grupo. A não ser que me tirem a vida. Lucrécio falou-me que virá para te pedir minha mão.

Lindolfo, o cigano, consternou-se e pediu para que seu grupo de ciganos os esperasse um tempo, porque tinha que solucionar assuntos pessoais.

Os dias passaram. Lucrécio, conforme o combinado, foi pedir a mão de Katy em casamento, e seu pai atendeu-os, partindo um pouco mais tranquilo para Varsóvia. Lucrécio apanhou-a no colo para colocá-la na carruagem e levou-a para a casa de campo. Lá, à noite, fizeram uma cerimônia de casamento cigana entre eles.

— Querida, aqui viveremos felizes. Quero que tragas tuas coisas para cá. O dormitório que era de minha irmã é o mais belo da casa. Arruma-o para nós.

Lucrécio trabalhava já no hospital, e, à tardinha, corria para os braços da jovem. Cavalgavam, andavam de barco no lago próximo da moradia, nadavam e se amavam. Tiveram dias inesquecíveis. Aquele era um lugar lindo, verdejante e com bela floresta, onde, antes de Antonia desencarnar, caçava-se e recebia-se, na casa, inúmeros convidados no verão. Lá Katy e Lucrécio viviam momentos do mais puro amor, apesar da preocupação dos pais de ambos os lados, inclusive o pai do rapaz, que escondia de Sophie as saídas diárias do filho, ignorando aonde ele ia, dizendo à esposa, por sua preocupação, que o filho estava tratando de negócios para ele na Vila. E quando o jovem apaixonado pernoitava em casa, antes de dormir, Lucrécio Ernest, o conde, ia até seu dormitório e lhe perguntava como estavam sendo seus encontros de juventude:

– Então, meu filho. Vê-se que puxaste por mim. Nada melhor do que uma bela e jovem mulher em nossos braços. Gostas dela?

– Sim.

– E como ela é?

O rapaz detalhou a jovem com todos os adjetivos possíveis.

– Sim, filho, mas tem cuidado. Estás te achegando demais a essa mulher. Penso que devias te especializar em Medicina em Varsóvia. No entanto, é preferível que administre nossos negócios em vez de brincar de ser um médico.

— A Medicina é o meu trabalho, meu pai.

— Está bem, já que assim desejas. Mas... meu filho, eu acho perigoso esse teu apego por essa moça, quem ela é?

— Mais tarde, todos saberão. Não pense nisso agora, papai.

— Quem sabe partes ainda este mês para conhecer a Universidade que estou te falando?

— Não vou deixar Trieste por enquanto.

— O quê? Desafias-me?

Sentindo a pressão do pai, ele desconversou, dizendo-lhe:

— Meu pai, eu não posso sair daqui. Preciso trabalhar no hospital. Fui chamado para tal.

— Não desejas sair por causa da mulher, eu sinto.

— A jovem é linda, especial... assim como as outras com quem estou mantendo relações — dissimulou o filho, sabendo da preocupação do conde.

— Ah, tens outras? Agora, tranquilizo-me.

No dia seguinte, Lucrécio Ernest Spínola, conde de Buonafonte, conversou com a esposa, dizendo a ela que o filho estava enlouquecido pelas mulheres, mas achava que uma, em particular, marcava-lhe.

— Sabes, Sophie? Não sei não, mas penso que nosso filho, quando me falou que tem outras mulheres e não só uma, mentiu-me. Vi nele outra expressão, em sua face e em sua fala, quando me contou tantas coisas lindas sobre aquela jovem que vê seguidamente. Fiquei com vontade de conhecê-la e lhe disse "traga-a aqui com seus pais", mas então ele desconversou e mudou de assunto. Penso que precisamos tomar algumas providências.

— Poderemos procurar uma esposa para ele. Minha irmã, em Varsóvia, conhece uma bela moça chamada Ludmila, que seria ideal para nosso filho — relembrou-lhe Sophie.

— Se ele está amando, não desejará ninguém mais.

— Mas, meu esposo, ele não tem querer. Jamais uma mulher do povo entrará em nossa família! Não permitirei!

— Deixe. Amanhã, quando ele sair, vou segui-lo.

Quando Lucrécio Philip, no dia seguinte, chegou

à casa de campo e se abraçou com a mulher que amava, disse a ela:

— Katy, estou cansado dessas fugas. Venho diretamente do hospital para cá, mas por vezes fico preso ao trabalho, distante de ti, e me preocupo. Amo-te e não desejo mais viver às escondidas, sempre torturado, para que meus pais não descubram de onde venho. Ontem, cheguei tarde e fui cansado para casa e, depois de beber um pouquinho, tive que colocar para fora todo o amor que tenho por ti. Contei a meu pai sobre o nosso amor e falei o quanto te admiro. Precisamos nos casar na igreja logo, se possível ainda hoje, e depois não sei o que será de nós.

A jovem sorriu ao receber a melhor notícia.

— Seremos muito felizes, meu amor.

— Mas vê bem, talvez tenhamos que viver com pouco soldo ao sul da Itália. Casarmos ou fugirmos? Seja lá o que iremos fazer, serei obrigado a contar minha resolução a meus pais, apesar de ter receio de lhes dizer a verdade.

— Por que temes? Nós precisamos de teus pais? Eles não me aceitarão, eu sei.

— Necessitamos de algum valor para nos estabelecermos, querida, e isso eu preciso pedir-lhes. Ainda estou em experiência no hospital.

Katy baixou a cabeça, dizendo-lhe:

– Não vás, meu amor. Eles vão nos separar, eu sinto, mas não podes me deixar agora. Quero te preparar...

– Preparar? O quê? Para quê?

– Eu... – Katy baixou a cabeça e ficou com os olhos cheios de lágrimas.

– Mas o que tens, meu amor? Fala!

– Eu... Eu estou esperando um filho teu.

– O quê? Um filho? – indagou, como que petrificado.

Toda a história de sua irmã veio-lhe à tona. Estavam dormindo no quarto dela, e ele tinha agido como Martinho. Katy engravidara, mas jamais a abandonaria. Teria algum significado esse fato, já que havia poucos anos ocorrera ali aquela tragédia?

– Sim, esperamos um filho, mas eu estou muito nervosa. Ao deitar-me, quando aqui não estás, sinto-me perder as forças, e meu coração como que dispara loucamente. Algumas vezes, sinto que há alguém no quarto, dizendo para me acautelar.

– Mas que bobagem, isso não acontecerá contigo, querida. Eu te amo – falou, lembrando-se de

Martinho – e jamais te abandonarei. Venha, senta-te aqui comigo.

E ela continuou:

– Já ouvi ruídos aqui várias vezes, passos, e ontem, quando foste dormir em tua casa, eu ouvi uma voz a me dizer: "Cuidado, menina, os homens não respeitam as mulheres que engravidam". Acordei assustada. Por isso, eu preciso te fazer uma pergunta: me aceitarás com teu filho nos braços?

A lembrança firme da irmã fora sentida por ele.

– Estou feliz, porém não estava preparado para isso. Mas, agora, quero dar o que eu trouxe para ti. Olha, aqui está. É uma corrente com o brasão de nossa família que dou a ti, com todo o meu amor.

– Obrigada, meu querido. Eu o colocarei em nosso bebê.

– Prometo que falarei com meu pai amanhã ainda, pois hoje ficarei embalando-te para que não tenhas mais pesadelos ruins... – relatou-lhe com carinho.

Lucrécio beijou-a apaixonadamente, e se abraçaram, fazendo juras de amor, elevados pela sensibilidade de um sentimento real, contudo foram logo se desembaraçando do enlevo e acordaram com o ruído de uma carruagem entrando no pátio calçado. Lucrécio, assustado, ergueu-se, rodou nos calcanhares, saindo para ver quem havia chegado. Katy, muito nervosa, o acompanhou. Foi nesse momento que ele deu de cara com seu pai, que vinha descendo do carro, olhando para ele, sério e sisudo.

– Papai? O senhor aqui? – indagou Lucrécio ao pai, assustado. – O que houve?

– Segui-o. Queria ver bem com quem estavas. É essa a rameira com quem andas? – aludiu, olhando-a de cima a baixo e fazendo a volta para vê-la precisamente.

– Rameira? Não, meu pai. Ela é a mulher que eu amo. Vamos nos casar.

– Amavas e jamais te casarás com esta, esta...

– Para com isso, meu pai. Olha o jeito que a estás deixando! – ponderou o rapaz, enfurecido, encaminhando-se para abraçá-la.

Katy, sensibilizada, começou a chorar.

– Olha aqui, meu filho – falou o velho, alterado e com o dedo em riste –, escuta o que estou a te dizer e guarda isso na tua lembrança. Não a amas, entendeste? Eu fui jovem, sei o que acontece com os jovens. Tu te apaixonaste, mas isso não é amor. O amor é calmo, tranquilo, fiel e constante. Tu pensas que a amas! – protestou seu pai, colocando a mão no braço do rapaz, mas tentando se acalmar um pouco quando viu a expressão de horror nos olhos do filho.

– Não quero deixá-la, papai! Nós vamos embora daqui, mesmo sem a tua permissão ou a ajuda necessária.

– Não terás herança se fores com ela!

– Não desejo sua herança e, pelo que vejo, não receberei valores maiores para iniciarmos vida nova, no entanto, trabalharei dia e noite no hospital de outra localidade, somente para estar com ela – disse, abraçando-a e enxugando seu rosto, lavado pelas lágrimas.

Sentindo que, da forma com que estava agindo, perderia o filho, o conde caminhou de um lado a outro, suspirando profundamente com as mãos nas costas a pensar, enquanto Lucrécio abraçava a bela cigana, dando-lhe o lenço para secar suas lágrimas.

– Filho querido, perdoa-me, porque fiquei alterado. Na realidade, não foi para isso que vim. Mas raciocinemos: esse assunto deverás deixar para outro momento, e a moça, eu sei, se te ama, esperar-te-á. Precisas, ainda hoje, viajar com tua mãe para

Varsóvia. Terás que lhe fazer companhia. Ela não pode ir sozinha visitar a irmã.

— Visitar sua irmã?

— Sim, tua tia está à morte.

— Pobre titia! Mas... perdoa-me, papai, eu não posso ir! – falou, olhando para a face horrorizada de Katy e lembrando-se do que ela havia-lhe contado.

— Compreendi agora que amas mesmo essa moça, mas... Bem... Na volta, poderás solucionar esse teu romance, porque, no momento, deves te arrumar para a tua partida. Anda logo. Tu entendes, não, cigana? – perguntou o velho, olhando-a, tez franzida.

Katy não conseguia discernir as palavras, estava em pânico, e nada respondeu, segurando com a mão cerrada o pequenino brasão de ouro que ganhara de Lucrécio Philip.

— Viste, meu filho? Ela concorda e irá embora agora conosco. Iremos deixá-la em sua própria casa, com seus pais, porque é muito jovem...

— Mas papai, ela está morando aqui, nesta casa!

— Aqui? – olhou-a de cima a baixo e, consternado, resmungou –: Não sabia disso.

— Sim, mora aqui desde que seu pai partiu. Isso já faz meses.

– É, eu não tenho vindo aqui, pois fazes questão de vir em meu lugar... Compreendo agora. – E, pensando rápido, perguntou:

– Diga-me – indagou o conde, dirigindo-se à cigana, mais precisamente a Lucrécio, que estava com a face fechada. – Seus pais te estão esperando em algum lugar ou tiveste a coragem de apanhar uma mulher da rua, Lucrécio Philip?

– Não, isso não. Ela era uma jovem casta quando nos amamos.

O pai cravou os olhos rudes na cigana, mirando-a firmemente, e ela baixou a face.

– Meu pai, seu bando não está na cidade, e nem sei onde se encontra, pois o pai dela é cigano, como sabes. Se ela tiver que sair daqui, eu não poderei viajar – argumentou Lucrécio, escondendo os verdadeiros acontecimentos a seu pai.

– Mas, meu filho, ela precisa sair, entendes? Serão feitas reformas na casa, e ela não poderá aqui permanecer. Por favor, entende isso, meu filho! Mas encontraremos um lugar para ela ficar até teu retorno, por isso, não precisas te preocupar; eu darei um jeito, colocando-a bem confortável.

– Então, irei levá-la conosco, e ela ficará esperando-me em nossa casa.

O conde ficou pasmo e permaneceu alguns segundos imóvel, até pensar rapidamente no que dizer. Depois, acendeu-lhe uma ideia:

– Olha, meu querido filho, até poderíamos pensar nessa solução se todos estivessem juntos em casa, no entanto, como sabes, viajarás com tua mãe, e eu permanecerei só com os empregados; penso que esta não será a solução aceitável pela menina, não é, minha filha?

– Sim, não ficaria bem, e eu me sentiria... – Katy ia dizer que se sentiria mal naquele enorme palácio, sem Lucrécio.

– Deixa, meu amor, nada digas, porque eu entendo que não irás gostar de ficar em nossa moradia se eu não estiver contigo. – E voltando-se ao progenitor –: Meu pai, eu preciso estar com ela.

Lembrou-se, então, Lucrécio, das ultimas palavras da mulher que amava e não quis contar ao pai o que ouvira dos seus lábios, pois sabia que, tanto ele quanto sua mãe, fariam de sua vida e da vida de Katy um verdadeiro inferno e quiçá o forçariam a abandoná-la, largando-a na amargura. Aguardaria para ser livre com o que herdaria em vida, de sua avó, e aí teria a oportunidade de comprar algum lugar para viverem.

– Ouve bem, meu filho. É um caso de morte. Não poderás abandonar tua mãe naquelas perigosas estradas, somente com o cocheiro... Pensa nisso!

Não repararam eles que, enquanto discutiam, Katy saira pela estrada, chorando. O que faria de sua vida se ele não voltasse? E para onde iria, como sobreviveria?

Lucrécio a viu e correu atrás dela, puxando-a e abraçando-a:

– Querida, jamais fujas de mim. Eu terei de partir, mas voltarei.

No palácio de dois pisos, Sophie aguardava nervosa, dedilhando os dedos em um móvel do ambiente ricamente decorado conforme a época e de onde se podia avistar o caminho e a entrada distante da suntuosa residência e ver a carruagem que chegaria com seu esposo, tendo o filho ao lado a cavalgar. Sua irmã Matilde gozava de saúde férrea, mas essa fora a solução para que os enamorados se separassem, e Lucrécio a esquecesse. Tudo fora planejado por ela quando soubera do romance do filho com a cigana, receando um envolvimento que poderia trazer imprevistos funestos para todos, como uma gravidez.

E sua intuição estava correta. Realmente, Sophie fora intuitiva, mesmo não imaginando ser tão séria a atitude do rapaz em relação à jovem. Por isso, iria colocá-lo bem longe, na Universidade de Varsóvia, e lá ele teria a educação que merecia, conhecendo Ludmila ou outras nobres donzelas, dignas de serem sua esposa.

A carruagem seguiu com Katy, que teve de subir a mando do conde Lucrécio, enquanto o filho cavalgava, sisudo, ao lado, observando os fatos.

– Não te preocupes, menina – dizia-lhe o nobre enganador, analisando-a de cima a baixo, e com sutileza masculina, cada detalhe de suas feições e de seu corpo.

Realmente, o pai de Lucrécio, com toda a sua perspicácia, estava vendo nela agora o exemplar de mulher que qualquer homem desejaria. Doce, meiga e muito bela. Sabia que seu filho sofreria com a perda daquela paixão e que talvez, por um tempo, passasse a odiar seus próprios pais, mas a nobreza não poderia se misturar com a plebe, ainda mais com uma cigana. Mais tarde, ele os agradeceria e veria o engano que poderia ter cometido. O que estavam fazendo era para o seu bem.

– Não é necessário que te preocupes, menina,

dormirás em uma cama esta noite – afirmou o conde a ela.

– Eu não tenho casa, senhor.

– Ora, não queiras me enganar, menina. Queres, com meu filho, os brasões que não tens em tua vida. Mas estás enganada. Ele contou-me sobre tua pessoa. Disse-me que lhe eras somente um achego casual, apesar de, em tua frente, demonstrar o contrário. Portanto, não aguardes o que não terás. Ele, em breve, deverá casar-se com uma mulher de sua estirpe. Mas... Oh... Choras? Não te preocupes, com essa carinha, logo ajeitarás tua vida. Terás muitos amantes, com a beleza que te define.

– Não sou uma vadia.

– Depois de vergonhosamente teres te entregado a ele, achas que alguém aceitará unir-se a ti em matrimônio? És mesmo inocente se pensas assim... Ora, ciganos andam com todos, e precisas te juntar ao teu grupo e não arrumar jovenzinhos ricos e inocentes para enganar – dizia-lhe Lucrécio Ernest com toda a arrogância trazida de berço, demonstrando o orgulho de família e alisando, vez por vez, seu empertigado traje de época.

Lucrécio, na lateral do carro, não conseguia ouvir e nem ver o que se passava na carruagem. Seu pai havia fechado a cortina exatamente no momento em que a jovem começara a chorar. Em seu coração, sentia maus pressentimentos... Quem sabe, antes de viajar, poderia se aconselhar com sua mãe? – E, seguindo aquele coche, alertou-se –: Mas para onde seu pai a estava levando? – pensou, vendo a carruagem seguir por outra estrada.

Correu à frente e estancou a carruagem.

– Meu pai, aonde está indo o senhor?

O velho colocou a cabeça para fora e falou, constrangido:

– Bem, meu filho. Primeiro, temos de arrumar um lugar para essa jovem.

– Mas onde, meu pai?

– Procuraremos uma escola de freiras, o convento talvez, o que achas? Assim lá, ela não se perderá até voltares. Mas como tua mãe tem pressa em viajar, não há necessidade de ires comigo, deves preparar-te e aguardar-me em casa. Pagarei a escola para essa menina. Confia em teu pai.

– No entanto, desejo despedir-me dela.

– Quando eu voltar, aviso-te onde a coloquei. Vai arrumar-te para a viagem, meu filho, e não te preocupes, ela ficará muito bem.

Katy tentou abrir a cortina para olhar Lucrécio, mas o conde a fechou novamente, dizendo-lhe:

– Não é bom que ele te veja assim. Choras demais, e ele precisa viajar, ou pensas que ele deve deixar sua tia morrer sem se despedir de sua irmã?

O pai de Lucrécio pediu ao cocheiro para irem mais rápido, Lucrécio cavalgava na lateral, gritando e tomando outro rumo:

– Katy, abra a cortina.

O conde segurou sua mão, fazendo-lhe sinal negativo

– Voltarei o quanto antes, meu amor. Fica bem. Antes de partir, despedir-me-ei de ti. Até logo! – gritou Lucrécio, agora galopando rumo à sua moradia.

Katy forçou a abertura da janela, mas quando conseguiu ver Lucrécio, ele já estava longe.

A carruagem parou na frente de um convento, e o conde Lucrécio ordenou:

– Desce aqui, rapariga, vamos! Finalmente, vou parar de ouvir lamúrias.

A maneira de ele falar agora demonstrava a Katy o que realmente ele pensava dela. E ele continuava:

– Como pudeste te aproximar de meu filho, infeliz? Desce aqui e vai enganar os filhos de outros nobres, se puderes! Para todos os efeitos, ficarás neste convento aos olhos de meu cocheiro, caso venha Lucrécio atrás de ti, rameirazinha.

Nesse momento, ela percebeu que, talvez, jamais voltasse a estar com o homem que amava.

O conde chegou até a porta do convento, puxando Katy pelas mãos, bateu com a aldrava na grande porta secular e falou com a freira que lhe abriu a portinhola:

– Necessito falar com Sóror Felícia. Sou Lucrécio Ernest Espínola, conde de Buonafonte.

– Pois não, nobre senhor, um momento.

Abriu-lhe a porta e pediu para o conde se sentar e aguardar, mostrando-lhe uma poltrona e fazendo-lhe reverência. Olhou atravessado para Katy e, pela maneira de a jovem colocar-lhe o olhar desesperado e congestionado pelas lágrimas, a freira imaginou que talvez o conde tivesse feito a menina se perder e agora desejava livrar-se dela.

A madre foi procurada enquanto Katy analisava aquela sala de recepção, lugar simples e austero, ainda enxugando as lágrimas, sentadinha em um banco, e tendo, ao lado, em poltrona de alto espaldar, o nobre conde. Pescoço erguido, enroscando com os dedos o alto bigode, sem sequer lhe colocar o olhar, ele arquitetava as palavras que diria à freira.

A religiosa chegou a passos rápidos para atender aquele que parecia mandar no local e, ao vê-lo, fez-lhe uma reverência:

– Nobre senhor conde, o que nos dá a honra da vossa visita?

– Sóror Felícia, estou com um problema. Apanhei esta cigana na vila, quase sendo abusada por um rapaz, e quis fazer a caridade de trazê-la para este lugar de Deus. Achei que a Sóror se apiedaria dela, porque ela chorava.

– Sim, pobrezinha...

– No entanto, ela não tem onde ficar, e eu peço que a acomodes por hoje, para que não durma na rua. Amanhã, abre-lhe as portas, porque voltará para seus pais, que não estão na cidade. Conforme sabes, eu sou Lucrécio Espínola, conde de Buonafonte, e farei grande doação para essa entidade se aceitares esta pobre menina.

– Nobre senhor, grande é sua demonstração de amor ao próximo.

– É mentira! Uma mentira! – gritou a cigana.
– Eu amo o filho dele, que também me ama, mas o conde não aceita essa união!

– Viu, Sóror? A pobre está querendo colocar a culpa em meu filho. Pobrezinha, Sóror, a senhora deve apiedar-se dela.

– Pelo que vejo – falou a freira com seriedade, olhando para Katy –, ela precisará, primeiro, de um bom castigo, por tratar uma pessoa tão boa e, mais ainda, um nobre, dessa forma.

Katy correu para a porta e tentou sair, mas o pai de Lucrécio ergueu-se de súbito e puxou-a pelo braço bruscamente, empurrando-a para a freira.

– Perdoa-me, Sóror, mas ela me fez perder a elegância. Ela não entende que quero ajudá-la. Deixo-a aqui. Se vierem procurá-la, não deixe que a vejam, correto? Tenha um bom final de noite. Adeus.

Tirou do bolso um saquinho de moedas

– Olha, isto é só o começo. Com meus agradecimentos, despeço-me.

– Correto, ninguém a verá. O senhor é uma grande alma, excelência, e Deus o recompensará por vossa bondade e zelo aos inocentes – mas pensou "se bem que essa gata arisca merece uma boa surra".

O conde apanhou a bengala e saiu, resmungando baixinho o que ninguém conseguiu ouvir.

Ao virar o trinco da pesada porta, virando-se para Katy, a madre superiora olhou-a de cima a baixo, arguindo:

– Hum, uma jovem cigana na rua, de aperto com jovens... não te envergonhas?

– Madre, ouve-me...

– Não desejo ouvir mentiras de ciganos que roubam e enganam. Vem.

– Não desejo ficar.

Sem lhe dar ouvidos, a freira apanhou-lhe a orelha e começou a puxá-la. Katy debateu-se, mas teve de segui-la.

– Não vou permitir que saias. Tens todo o tipo de mulher vivida, e se eu te colocar na rua, adeus doação de Lucrécio Espínola!

– Não! Eu preciso falar com meu amor, preciso falar com Lucrécio antes que ele viaje!

– Vais, sim, é permanecer aqui, mas, antes, ajoelhar-te-á no milho e rezará três terços a Deus, por essa tua insolência. Entra aí – ordenou, empurrando-a.
– Este é o lugar dos castigos. Irmã Clarissa virá para

cuidar de ti. Se assim não fizeres, não chegará às tuas mãos a ceia que te alimentará.

Empurrou Katy, que não parava de chorar, para o pequeno lugar privado que dissera ser dos castigos das noviças.

No palácio, o jovem, já pronto e terrivelmente angustiado, desceu as escadas quando viu seu pai adentrar com a carruagem e foi até a cavalariça perguntar ao cocheiro:

– Então, Amarilo, onde ela ficou? Estou preocupado.

– Olha, jovem, eu a vi entrar no convento com teu pai, mas ela chorava muito. Parecia que estava perdida de dor.

– Vou até lá para vê-la.

– Não te aconselharia.

– Qual o motivo? Tenho o direito, eu a amo!

– Filho – dirigiu-se a ele o velho cocheiro, que estava a par de seu romance –, eu esqueceria essa moça se fosse tu.

– Amarilo, eu não poderia esquecê-la, nem se quisesse. Ela espera um filho meu!

Diante da expressão de horror do amigo querido, Lucrécio explicou-se:

– Meu amigo, Não achas que tenho razões? Eu a amo muito, e ela me dará um filho!

O velho fez uma expressão de tristeza e colocou a mão no ombro do rapaz. Vira-o ainda bebê, vira-o correr pelo jardim, crescer e tornar-se um homem. Por isso, amava-o como seu próprio filho.

– O que posso fazer por ti?

– Toma. Apanha este saco de moedas em ouro que peguei com mamãe. Prometa-me que cuidarás dela. Tenho receio de não poder me despedir da minha amada.

– Farei isso por ti. Acolherei a moça em minha própria casa. Andressa apreciará uma presença feminina. Vai em paz, mas não demores muito... Como sabes, eu estou doente e não sei por quanto tempo ainda viverei.

– Obrigado, meu amigo. Confio que o farás e saio mais descansado.

Lucrécio entrou preocupado na carruagem, onde Sophie aguardava-o, e partiu calado. Sophie, fechada em si também, mandara o segundo cocheiro correr pelos caminhos, e, ao passar pela Vila, Lucrécio gritou a ele:

— Para no convento!

Sophie nem se mexeu do lugar, pois seu esposo lhe havia contado toda a conversa que tivera com a freira.

Lucrécio chegou até a grande porta e bateu com a aldrava, apressado:

— Desejo falar com Katy, que se instalou aqui hoje.

Conforme as palavras da Sóror para quem viesse perguntar pela cigana, a freira da recepção daria a resposta que havia sido instruída para passar adiante:

— Ela se foi. Partiu, não mais está aqui.

— Mas para onde ela foi? Por que a deixaram partir?

— Ora, ela não quis ficar.

— Compreendo. Obrigado.

Lucrécio saiu desnorteado. Não sabia o que iria fazer. Não poderia partir. Como o velho Amarilo iria encontrá-la? Foi até a carruagem, e sua mãe, pressentindo sua reação, falou:

– Vamos, estamos atrasando a viagem, meu filho. Que vieste fazer neste lugar logo agora?

– Mamãe, eu não poderei partir.

– Qual o motivo? Deixar tua tia morrer sem uma companhia familiar? Vamos, estamos perdendo tempo, meu filho!

– Não poderei ir. Vou procurar por Katy.

Sophie, preocupada, reuniu palavras rápidas e inteligentes para reabastecer o coração do filho com certa despreocupação, confirmando-lhe:

– Não me lembro dela, não a conheço, mas, se ela está aí, é lógico que não poderá te ver. Teu pai me disse que as Irmãs inventam coisas, não permitindo que nenhum homem entre no convento, porque não podem falar com as noviças. Estás te referindo à jovem que ele trouxe hoje para cá, não, filho?

Ele, então, pensou que havia sido isso que seu pai lhe dissera e respondeu:

– Sim, preciso falar com aquela jovem.

– Mas relaxa, meu amor. Voltarás em breve, e ela está bem cuidada aí com as delicadas Irmãs.

Acariciou o rosto do rapaz e abraçou-o em ato amoroso, continuando:

– Logo voltarás a essa Katy que desejas ver, e eu mesma a trarei para fora para que fales com ela. Confia em tua mãe. – E, decidida, ordenou:

– Toque, cocheiro! Vamos!

Mas o coração do jovem apaixonado estava aflito. E no caminho desabafou todo o amor de seu coração à sua mãe.

– Estou desiludida contigo, meu filho – dizia ela. – Fazes-me derramar lágrimas, que não consigo controlar. Como ousas perturbar teus pais com um relacionamento desse gênero? A que distância estás de tuas raízes!

E ele continuava calado, ouvindo a condessa:

– Teu pai deve ter ficado horrorizado diante dessa tua insolência. Se persistires com essa atitude, nada herdarás de nós. Todavia, a solução surgirá, agora que estamos visitando tua tia que está fenecendo, pobrezinha...

Saindo de Trieste, Lucrécio partia com o coração dividido, sofrendo muito, mas a ideia de logo retornar acalentou seu coração. Contudo, respeitava muito seus pais. Lembrou-se do cocheiro, que iria visitar Katy no dia seguinte, e assim tranquilizou-se e, relaxando, começou a pensar na chegada a Varsóvia.

3

No CONVENTO

> *"E qual aquele que vos fará mal se fordes zeloso no bem?"*
>
> I Pedro, 3:13

— Eu preciso sair daqui, preciso sair! – gritava ansiosa a jovem Katy, batendo na porta.

Sabia que Lucrécio devia aparecer lá e, como estava detida, não poderia vê-lo. Assim passou, até se dobrar ao cansaço e adormecer. Na manhã seguinte, madrugada, cinco horas, antes de o Sol despontar no horizonte, a porta do lugar se abriu, e uma freira, face risonha, de meia-idade, foi ter com ela. Sem ter podido conciliar o sono na maior parte da noite, Katy sentou-se nos trapos que tinha como leito, para ver quem a assediava.

– Bom-dia, minha filha – falou a freira, sorrindo candidamente. – Como te chamas?

– Bom-dia – respondeu a cigana, subindo a blusa que deixava seu ombro nu e estranhando a delicadeza daquela senhora, diferente da atitude da primeira –, sou Katy.

– Sou Irmã Maria, minha filha... Mas como pudeste dormir neste pequeno depósito?

– Esse é o quarto dos castigos, disse-me a Sóror...

– Deves ter dormido muito mal, não é? Isso é só um depósito. Vem, querida. Levanta-te. Irmã Clarissa não pôde vir, então, eu vim para te acordar.

– Finalmente, alguém me trata bem aqui, a outra...

– Ah... Queres falar sobre a Sóror Felícia? – interrompeu-a a Irmã. – Bem, ela... Penso eu que nada deveria comentar. Aprendemos com Jesus a não julgar ninguém, não é? Às vezes, as pessoas são amargas, mas sabe-se lá por qual motivo elas o são, não é? Então, não falemos nela, querida. Vem, eu te ajudo a erguer-se.

Katy segurou seu ventre ao levantar.

– Estás tão abatida ... mas vem, saiamos daqui agora.

– Ah, Irmã... eu acho que me enganei redondamente... Mas ele parecia ser tão bom, tão honesto, dizia que me amava tanto que...

– Senta-te aqui se queres conversar um pouquinho, mas temos de ser rápidas, antes que me chamem para as preces.

As duas, então, sentaram-se frente a frente, na mesma recepção do dia anterior, e Katy desfilou um rosário de dor, contando sua história para a Irmã Maria.

– Preciso mesmo de alguém para desabafar. – Formalizou em rápidas passagens o que lhe ocorreu, finalizando –: Aconteceu que eu amei Lucrécio com toda a minha alma e agora vou ter um bebê.

– Mas não entendi por que estás aqui, minha filha.

– O pai dele disse-me que iria me trazer para cá para eu passar a noite, mas sei que queria se livrar de mim, e Lucrécio não veio me ver.

— Deve ter vindo, e não o deixaram te ver. Isso é uma norma do convento.

— Será? Se for isso, eu fico mais aliviada. Então, talvez Lucrécio me ame mesmo.

— Sim, eu acredito. Mas famílias abastadas de nobres... com uma cigana...

— Sei, Irmã, nem precisas continuar o que irias dizer. No entanto... O que faço com minha vida e a do filho que sinto em meu ventre?

— Acho que deverias procurar teus pais.

— Meu pai, como é cigano, foi para Varsóvia, mas anda pelo mundo, Irmã Maria. Seria impossível localizá-lo.

— Então, o que fazer? Eu não sei como te ajudar, minha filha. Se eu tivesse família aqui, pediria que te dessem acolhida, afinal, esse é o exemplo que recebemos do Cristo, não é? Contudo, minha família se foi. Meus pais já partiram, minha irmã mora em outra cidade, e eu... eu nada posso fazer por ti.

— Irmã Maria, é melhor irmos à primeira missa, que já vai iniciar – chamou-a uma noviça.

— Estarei indo em um minuto.

Continuando, Irmã Maria perguntou a Katy:

– Querida, comeste alguma coisa?

– Estou sem comer desde a manhã de ontem, Irmã.

– Então, eu adivinhei.

Sorrindo, a Irmã tirou das dobras da túnica um pão fresquinho que pegou na cozinha e deu para a jovem, que lhe deu um expressivo abraço, sensivelmente emocionada.

– Olha, Katy, ouve-me bem. Agora, preciso abrir a porta para que saias, contudo saibas que tens em mim uma amiga. Sinto tudo isso que te aconteceu, querida, e quando precisares muito de alguém, lembra-te de mim, mas não me procures aqui e sim, na escola de costura que ministro aos necessitados. Todas as tardes, em certo horário, eu lá me encontro. É na parte de baixo deste prédio.

Explicou-lhe o local e, com pesar, abriu a porta, orando mentalmente para Jesus cuidar dela, abençoando-a. Abraçou-a com leve sorriso e acompanhou-a com os olhos até vê-la desaparecer na volta da quadra.

No que fechou a porta, ouviu um coche chegar à frente do convento e rapidamente voltou a abri-la, achando ser o rapaz que Katy amava. Sim, o brasão do conde, no coche, demonstrava que era ele quem chegava. O cocheiro saiu do carro e se apresentou, dizendo:

– Bom-dia, Irmã, eu vim aqui conversar com a jovem Katy.

– Katy? – ansiosa, a Irmã girou a cabeça olhando para a esquina. – Ela acabou de dobrar a esquina.

– Ora, mas que falta de sorte! – comentou o cocheiro. – O jovem Lucrécio mandou a ela todo este valor. Pobrezinha, atirada na rua da amargura... Mas vou atrás dela, quem sabe ainda a apanho. Em todo o caso, se ela voltar aqui, diga-lhe que vá até o palácio, pois tenho abrigo para ela lá. Peça para me procurar. Como é seu nome, Irmã?

– Maria.

– Bondosa Irmã Maria, adeus.

Amarilo rapidamente saiu e apanhou as rédeas, tirando a carruagem de lá o mais rápido que pôde. Percorreu as vielas próximas, uma por uma, sem encontrar a mulher que Lucrécio amava. Já desiludido, estava pronto para ir para casa quando viu, frente a uma grande e elaborada praça, uma moça sentada em uma pedra, comendo um pedaço de pão, com uma fome voraz.

– Lá está ela! – falou a si mesmo, aproximando-se.

Katy, que conhecia a carruagem, saiu correndo para ele:

– Senhor Amarilo! Graças a Deus, onde está Lucrécio?

– O jovem Lucrécio já partiu ontem à noitinha. Falou que viria vê-la, mas achava que poderia não encontrá-la, então me pediu que lhe desse abrigo até o seu retorno. Será bem recebida em minha casa, jovem Katy.

– Obrigada, muito obrigada. Eu estava pensando que, se houvesse um Deus, ele me escutaria e não me deixaria dormir ao relento.

– Ele existe, viu? E como existe! Vem, sobe. Cuidaremos muito bem da senhorita.

– Obrigada por sua bondade, senhor Amarilo.

Lucrécio, depois de longa viagem, chegou a Varsóvia, mas estranhou ver a tia sorridente para lhes abrir a porta.

– Que bom que já estás bem, minha tia!

– Ora, eu não estava doente, estava, Sophie?

Sophie gaguejou, dizendo:

– Saíste da morte e nem te lembras, minha irmã? Mas fico feliz em te ver assim, exuberante em saúde.

– Ah... – estranhou a irmã, sabendo aquilo ter sido criado por Sophie com intuito de iludir o próprio filho, obrigando-o a frequentar a Universidade, conforme havia lhe comentado certo dia.

Na realidade, a carta que Sophie mandara na semana anterior, na qual contava os apuros do filho com uma mulher sem estirpe, havia sido extraviada pelo correio.

"Esse correio..." – pensou Sophie, entrando no quarto destinado ao rapaz.

– Bem, meu filho, nós aqui estamos. Estarás bem acomodado neste quarto?

– Sim. Mas como minha tia está bem, nós poderemos partir de volta logo. E a senhora? Gostou do seu quarto? – indagou, deitando-se para experimentar o colchão da cama, pernas cruzadas uma sobre a outra, mãos atrás do pescoço.

– Oh, sim. Matilde me destinou o dormitório mais belo de toda essa casa, meu filho. Fica na ala leste, se precisares de mim. Mas por que motivo, agora, pegas papel e pena nas mãos? Vais escrever para teu pai, dizendo a ele que chegamos bem?

– Sim... – pensou no que iria responder e resolveu esconder da mãe que escreveria para Katy – sim, mamãe, eu vou escrever a papai sobre nossa chegada, mas me diga – perguntou-lhe sigilosamente –, já que a titia está ótima, acha a senhora que ela mentiu para nós?

– Mentir não sei, mas fica isso só entre nós, quem sabe ela estivesse saudosa...

– Mas isso seria denegrir a imagem dos familiares, mamãe! Viemos de tão longe para... nada?

– Ora, apreciarias mais se ela estivesse morrendo mesmo, meu filho?

– Não! Claro que não.

Como a mãe de Lucrécio calou-se, ele continuou:

– Bem... eu acho que assim foi melhor. Voltaremos ainda esta semana.

– Amanhã veremos isso, meu filho. Uma boa noite.

Na sua frigidez germânica, Sophie saiu do dormitório deixando Lucrécio que, introspectivo e com rapidez, apanhou a pena e fez questão de escrever uma carta endereçada a Amarilo, mas destinada a Katy, na qual derramava todo o seu amor, dando-lhe notícias da viagem, da excelente saúde da irmã de sua mãe e comentando que em breve voltaria. Assim, dormiu feliz.

No dia seguinte, acordou estranhando estar naquela casa, pois sentia-se ao lado da mulher que amava.

Desceu e foi ter com a mãe e os tios no jardim de inverno, onde faziam seu desjejum.

— Bom-dia a todos.

— Bom-dia, sobrinho — responderam os tios.

— Dormiste bem, meu menino?

— Menino, mãe... Tenho vinte e dois anos.

— Mas ainda és uma criança que não tem medidas no agir.

— Por que dizes isso, minha mãe?

— Ora, simplesmente pelos teus atos anteriores. És um menino e precisas de correção.

Lucrécio olhou para os tios e ficou aborrecido, mas não quis dizer nada que deixasse sua mãe perturbada, ainda mais na frente daqueles familiares.

— Mas deixa estar, filho. Iniciaremos uma nova fase hoje.

— Sophie, por favor, deixa Lucrécio tomar seu desjejum em paz – pediu-lhe Matilde.

— Se soubesses o que ele estava aprontando distante daqui, Matilde, nada dirias de recriminação a mim.

— Eu aprovo o que ele devia estar fazendo – comentou o tio Joseph, sorrindo e saboreando o seu pãozinho recém-saído do forno.

— Melhor nada dizeres, esposo – cochichou Matilde a ele.

Depois, olhando para Sophie, que analisava o desenho da xícara de chá de porcelana, acentuou:

— Não creio que esse rapaz, digno de ser teu filho, um nobre, minha irmã, mereça o castigo que desejas lhe dar. Mas para nós, que não temos filhos, sua presença nos fará bem.

Lucrécio abriu mais os olhos e perguntou:

— Castigo? Do que falas, titia?

— Nada, Lucrécio. Come de uma vez esse teu lanche que precisamos sair – decididamente, pediu-lhe a mãe.

— Sair?

— Vais ver que tua mãe quer que visites museus históricos, ou coisa assim, meu sobrinho – argumentou Joseph, com seu jeito de bom e alegre polonês. – Eu, de minha parte, poderia levar-te a outros lugares, que mais apreciarias.

— Como o quê? – indignada, perguntou-lhe a cunhada.

— Ora, Sophie, essa seria uma conversa de homem para homem – arrematou a irmã.

— Se for dessa forma, que deixarei Lucrécio aqui por tanto tempo, melhor será colocá-lo próximo à Universidade.

Lucrécio entendeu o que sua mãe, desde a noite anterior, estava lhe sugerindo e ergueu-se rápido do assento:

— Internato? Mas o que dizes, minha mãe? Decides minha vida como se eu fosse um bebê de colo?

— Cala-te, e saiamos. O carro já está aqui em frente. Vejo-o daqui, vamos! – e, notando que Lucrécio não se mexia da cadeira, ordenou-lhe –: Levanta, seu bebê de colo!

— Com vossa licença, meus tios – pediu Lucrécio,

não desejando tornar uma revolução o desjejum, frente aos estimados tios.

Saíram com a presença do mordomo, que lhes abriu a porta da frente. Mas Lucrécio estava muito preocupado e, antes de entrar na carruagem, segurou o braço de sua mãe e pediu a ela:

– Por caridade, minha mãe, o que desejas de mim? O que sua cabeça, cheia de artimanhas, está pensando?

Sophie empurrou-o para dentro do carro e nada respondeu.

A carruagem parou frente à Universidade daquela cidade.

– Desce, meu filho, e me ajuda a descer.

– Mas o quê nós viemos fazer aqui?

– Em breve, saberás.

– Eu não quero fazer especialização aqui, mamãe! – gritou Lucrécio, desatinado, frente à Praça da Universidade – Preciso voltar a Trieste!

Sophie, perdendo a paciência, resolveu apelar:

– Pois deves saber que já estás matriculado e, veja bem – afirmou –, estás terminantemente proibido de te corresponder com aquela cigana! Aliás, conforme teu pai contou-me, a essa hora ele já decidiu sobre a vida dela. Deve estar correndo as vielas do vilarejo em busca de trabalho, ou seja lá qual o termo que se usa para o tipo de trabalho a que me refiro.

– O quê? Não entendo... Papai falou-me que a deixaria no convento!

– Por uma noite somente! Se pensas que ele aceitaria esse achego teu, frente aos nossos olhos, estás totalmente enganado. E terminamos essa conversa por aqui. Olha, já se nos abrem as portas.

– Pois eu não vou entrar! Mamãe, dize-me, por caridade – falou, apanhando seu braço com delicadeza –, a senhora falou brincando, não foi?

– Certamente, estava brincando. Ela deve ficar onde seu pai a colocou – respondeu a mãe, forçando o término daquela discussão descabida para que pudessem entrar na Universidade.

– Bom-dia, senhora Sophie, esse é o vosso filho Lucrécio Philip?

– Sim.

Sejas bem-vindo, rapaz – cumprimentou-o o recepcionista.

Lucrécio, mal-humorado, entrou e sentou-se no gabinete, aguardando com a mãe o diretor daquele lugar.

4

Na UNIVERSIDADE

> *"Porque necessitais de paciência para que, depois de haverdes feito a vontade de Deus, possais alcançar a promessa"*
>
> Hebreus, 10:36

Aguardando na recepção, o diretor chegou e se apresentou a eles:

– Bom-dia. Sou o reitor desta Universidade.

– Bom-dia, senhor reitor. Este é o filho que prometi vos trazer para fazerdes dele um grande médico. Agora, peço-vos uma palavra a sós.

— Então, por favor, senhora, entremos em meu gabinete.

"O que mamãe estará desejando falar com o reitor? Espero que não me esteja ludibriando" – pensou, angustiado, o pobre rapaz, diante da situação.

— Senhor Reitor – disse Sophie, sentada na poltrona, frente à escrivaninha do diretor da escola –, eu estou preocupada com esse meu filho. Sei que essa é uma das escolas mais formidáveis e quero que ele saia daqui com uma especialização. Tencionava deixá-lo com os tios, mas temo que, amando como está a uma cigana...

O reitor olhou para a senhora à sua frente, vendo-a ricamente vestida em seda e renda francesa, chapéu leve e delicado com flores e penas, e ergueu as sobrancelhas como se estivesse indignado, falando para si mesmo "Um nobre filho de um conde, com uma cigana?" E a mãe de Lucrécio continuou:

— Vejo também marcada em vossa face a indignação, senhor; a mesma que senti quando soube do caso. Por esse motivo, eu o trouxe para esta Universidade, bem longe de Trieste, com a finalidade de que ele a esqueça.

— Mas ele não ficará com seus tios, conforme o combinado, senhora?

– Pois é aqui que desejo chegar. Prefiro que permaneça acomodado nestas proximidades, mas sem os seus documentos. Isso para que ele não fuja de Varsóvia e também não disperse seus estudos, senhor reitor. Ele poderá ficar com outros rapazes, que vêm de outras localidades, próximas daqui. Peço-vos a gentileza para verificar isso, visto que estou com a viagem de retorno marcada. Aqui, nesta cidade, ele também poderá conhecer moças de sua estirpe. Olhai, aqui estão os documentos que ontem apanhei em sua bagagem. Quero que fiquem com o senhor, caso ele deseje voltar para os braços daquela cigana. Depois, peço-vos que mandeis para meu endereço o valor dessa estadia.

O reitor apanhou os documentos e colocou-os na gaveta da escrivaninha.

– Quanto às acomodações, eu resolverei, mas deixar os documentos aqui, senhora, ele não poderá sair pela cidade.

– Mas é isso o que eu desejo. Depois de dois ou três meses, ele já estará entrosado na Universidade e terá esquecido aquela vilã, então, podereis devolver-lhe os documentos.

– Mas ele não me parece uma pessoa irresponsável, senhora, ao contrário. No entanto, a senhora está lhe tomando as rédeas, e seria isso o que eu faria se fosse com um filho meu. Ora... uma cigana!

Foram ambos aproximando-se da porta de saída, e Sophie ainda comentou:

— Estou com a volta marcada para Trieste amanhã, mas, por via das dúvidas, direi que será depois de amanhã, porque ele ainda pensa que vai comigo. Fugirei dele, reitor – riu.

— Fazeis bem e ide tranquila. Prometo que seguirei à risca vosso pedido.

Lucrécio, próximo à porta, percebera os passos que se aproximavam, somente ouviu quando sua mãe falou "depois de amanhã" e concluiu que era a data marcada para o retorno a Trieste.

— Eu voltarei com a senhora, minha mãe – disse Lucrécio quando o reitor abriu-lhe a porta.

— Não, tu já estás matriculado aqui. Pelo menos, experimenta a Universidade.

— Preciso partir, minha mãe, compreende isso!

Ele lembrou-se logo de Katy e de sua irmã, que se suicidara em desespero. Katy faria o mesmo se ele não retornasse? Depois, lembrou que Gerard sentiu que sua irmã estava junto a eles na noite em que comentavam sobre ela. Ainda havia conversado com

Katy e lembrou-se do que ela lhe havia dito: que, se ele a abandonasse, o único caminho seria sua morte. Suicidar-se-ia como sua irmã?

Sentindo a preocupação de Lucrécio, Sophie respondeu:

— Partirás, sim, mas não por estes dias.

Subiram na carruagem, e Sophie continuou calada, ouvindo os rompantes do filho apaixonado:

— A senhora não pode fazer uma coisa desse tipo, mamãe! Tenho maioridade, já fiz minha universidade, por que desejas que estude ainda mais? E como ficará o hospital em minha ausência?

— Ora, meu filho, teu pai já solucionou esses probleminhas tolos. Nobres não precisam trabalhar.

— Eu volto com a senhora. Isso foi combinado ainda lá em Trieste, quando me fez acompanhar-te pela doença mortal de minha tia. Tudo falso, não é? Tudo invenções de um cérebro cheio de preconceitos!

— Cala-te! Devias ter pensado melhor antes de te colocares em beijos e abraços com aquela menina desavergonhada!

— Então, foi tudo uma cilada. Mas jamais desistirei de Katy!

Chegaram na opulente residência dos tios e ambos desceram da carruagem. Lucrécio atirou-se ao leito, pensando como partir dali sem ser abaixo de tremenda guerra com sua mãe. À noite, ao descer para a ceia, ele cumprimentou os tios, dizendo-lhes que teria somente o dia seguinte com eles, porque, no outro, partiria com sua mãe de volta ao lar. Os tios entreolharam-se, e nada falaram sobre a intenção de sua mãe, comentada a eles assim que chegara da Universidade.

Lucrécio Philip, depois de ter bebido alguns goles de vinho a mais do que estava acostumado e conversado muitas coisas alegres com seus tios, ciente de que conseguiria voltar para Trieste dois dias depois, já quase pela madrugada, adormeceu ali mesmo, ébrio, e foi colocado no estofado de ambiente próximo.

Pela manhã, muito cedo, acordou e subiu para seu quarto. Deitando-se em seu leito e, mais acomodado, não ouvira quando a mãe, sorrateiramente, saiu em retorno a Trieste, sem ao menos se despedir dele.

Na pequena cabana de Amarilo, Katy começou a auxiliar Andressa nas lidas domésticas, a esposa do fiel servidor daquele lugar. Ela respondeu a carta de Lucrécio, apaixonadamente, contudo, não recebeu resposta, mas estava feliz em saber que ele, em breve, voltaria. Dias depois, notou quando a carruagem da viagem chegou à localidade. Ao ouvir o ruído dos cavalos, correu até o portão da casinhola, espiando ao lado para ver se seu amor vinha nela, mas somente Sophie desceu, acompanhada por uma auxiliar, e a carruagem foi levada para o estábulo. Ele não voltara. Aguardou, então, até que recebeu uma carta:

"Meu amor. Muitas coisas aconteceram desde que aqui cheguei. Minha mãe não permitiu que continuássemos, sem saber do nosso segredo. Colocou-me na Universidade daqui, levando meus documentos para que eu não pudesse voltar. Resolvi, por esta vez, fazer sua vontade para que ela se arrependa e me remeta o que necessito e assim poder ficar contigo, o que me dará muita alegria. Com amor.

P.S. atrás está o endereço onde me encontro

Lucrécio Philip"

Katy desandou a chorar.

– Meu amigo, eu precisarei partir – falou, dirigindo-se a Amarilo. – Escrevi para Lucrécio, mas ele me respondeu somente agora. Não poderei permanecer aqui, mas eu os aviso onde ficarei.

— Não, minha filha, aguarda aqui – pediu-lhe Andressa. – Um ano passa rápido.

— Por um ano? Não, eu não poderia e também não seria justo para vocês, meu filho nascerá... Vou embora, mas avisarei onde ficarei. Com as moedas que Lucrécio me deixou poderei viver muito bem durante os meses que faltam, mas, se acontecer alguma coisa, eu os procuro aqui. Portanto, não há motivo para preocupações.

O bom e fiel servidor retornou à vila com Katy, deixando-a entregue à sua sorte. A jovem alugou pequena peça de uma velha e antiga residência, próxima a um riacho, e aguardou o tempo passar até o momento de seu filho nascer, procurando antes a boa freira para aprender as lides da costura. Mas em seu coração havia uma grande mágoa. Estaria acontecendo aquilo que seu pai previra?

— Minha filha, tu estás de volta! – abraçou-a a Irmã Maria. – Vem! – pediu-lhe com carinho.

— Vim aprender a costura.

— Vejo que teu ventre já está avantajado.

— Sim, a criança já faz volume e nasce daqui a seis meses, mas, nesse meio tempo, eu quero fazer **suas roupinhas**.

– Vou te ensinar algumas coisas bem bonitas. Chegou ao lugar certo, mas os tecidos que tenho aqui são para crianças pobres, moleques de rua.

– Eu comprei belos tecidos para meu filho. Olha – falou Katy, retirando de um embrulho os tecidos.

– Onde estavas até agora, minha filha? Ele te acolheu? – perguntou-lhe a freira.

– Ele deixou-me valores e pediu que eu o aguardasse na casa do cavalariço e sua esposa, todavia, temendo ser vista pela condessa, preferi sair de lá. Pretendo avisá-los quando chegar a hora do nascimento de meu filho.

– Eu faço o parto se ninguém te ajudar, querida.

– Moro, no momento, naquela velha casa que se pode avistar daqui, Irmã Maria, propositadamente, para que ficasse próxima da senhora.

– Oh, querida, cuidarei de ti, verás.

Alguns meses se passaram. Katy escreveu para Lucrécio, mas ele não respondeu. Avisou Amarilo sobre sua moradia, todavia nunca mais o viu. Temia se aproximar do palácio e ser pega por Sophie e, **além disso, já estava sem dinheiro e muito pesada** para caminhar. Estranhou a indiferença de Lucrécio e, logo após a criança nascer, desesperou-se, caindo em depressão. Já não tinha nenhum valor consigo, e sua criança necessitava de cuidados. Lembrou-se de pedir auxílio à Irmã Maria, que tão boa fora para com ela, e dirigiu-se ao convento. Mas a Irmã tinha sido mandada para o convento de outra cidade, onde iria ficar por alguns meses.

— Irmã Maria teve que se distanciar de nós, mas me falou muito em ti. Aguarda, Katy, que vou chamar Sóror Felícia, um momento — alertou-a uma freira quando, angustiada, Katy foi pedir, humildemente, um apoio.

— Na... não faças isso, Irmã! Felícia não!

Mas logo saiu Irmã Clarissa para prestar auxílio à protegida da Irmã Maria.

Sóror Felícia chegou e a olhou com a cara amarrada:

— Tu novamente? O que desejas? Mas o que é que tens aí? Vejo que já arrumaste uma criança com os homens da rua. Andaste vadiando todo esse tempo? Quiseste armar uma cilada para Lucrécio Philip, não é? Ah, ah, ah. Jamais o terás, menina. Seria o fim do mundo se isso acontecesse!

Katy fez que não ouviu, porque estava desesperada.

— Há algum serviço aqui, Irmã Felícia, que eu possa fazer? – perguntou a jovem humildemente, com grandes olheiras sob os belos olhos.

— Não respondeste à minha pergunta. Já cansaste de incomodar os jovens nobres com tua sedução? Valha-me Deus! Eu jamais poderei colocar aqui uma filha de satanás, perdida como tu, porque a senhora Sophie nunca mais colaboraria novamente com o auxílio ao nosso convento e aos pobres.

Katy baixou a cabeça, deixando correr as lágrimas.

A freira esticou o pescoço altivo e murmurou, sem se dignificar a ser mais caridosa para com ela:

— O mundo está repleto de pessoas astuciosas como tu. – E continuou –: Pois sim! A condessa Sophie com um bastardinho nos braços... Ora, se ela iria permitir. – E olhando-a de cima a baixo concluiu –: Vai-te embora! Já perdi a paciência contigo! Eu não gosto de ciganos. Ciganos mentem, são astuciosos e fazem tudo por dinheiro!

A Irmã Clarissa consternou-se. Katy, cansada e sem comer, abraçou-se mais à criança e derramou penosas lágrimas. A Irmã Maria havia deixado uma carta, caso ela reaparecesse, e a Irmã Clarissa lembrou-se disso e rapidamente foi apanhar a missiva para entregá-la a Katy:

— Menina, não fiques assim. Sóror Felícia hoje não está de bom humor. Deus é nosso pai e Ele terá uma maneira de te dar asilo. Aqui está uma cartinha para ti, da Irmã Maria.

Katherine não conseguia parar de chorar. Sentia-se fraca, precisava alimentar-se, mas apanhou com uma das mãos o envelope para abri-lo logo após.

— Por Deus, criança, não chores tanto! Não te alimentaste, não foi? Aguarda um momento.

Logo voltou Clarissa com um pedaço de pão, que retirou do bolso de suas vestes e deu-o à Katy, sentada em um dos degraus da escada do convento. Ela o comeu como se estivesse dias sem colocar nada na boca e leu o bilhete que dizia:

"Katy, que Jesus a abençoe.

Preciso obedecer à ordem religiosa e por esse motivo estou partindo, todavia uma coisa me alegra, pois, com a graça de Deus, estou sendo enviada para a cidade onde minha irmã mora, apesar de me preocupar contigo, minha filha. Não tenho dinheiro para te dar, o teu deve estar acabando, mas indico a ti uma família que, há poucos, chegou de Varsóvia e viverá aqui. Conversei com eles em teu nome. Vai procurá-los, eles precisarão de todas as formas de ajuda, inclusive com a nossa língua. Como não têm filhos, sentir-se-ão honrados e felizes com um bebê em casa, além do mais, dar-te-ão garantia no sustento de cada dia.

Adeus

Abaixo, dava o endereço do casal

Irmã Maria"

Katy olhou o endereço, colocou a carta entre os seios e, agradecendo à Irmã Clarissa, saiu com a criança nascida havia um mês, alcançando, depois de muito caminhar, os jardins do palácio do conde, procurando não ser vista pelos donos. Precisava avisá-los sobre o bebê, saber de Lucrécio e por que ele não mais respondera suas cartas. Ficaria aquela noite na casa de Amarilo e, na manhã seguinte, procuraria a tal senhora que a bondosa Irmã Maria lhe havia indicado. Lá teria a bênção de, pelo menos, ter alimento. Ao chegar, depois da longa caminhada, perguntou ao jardineiro onde estava o casal que a abrigara, pois não os encontrou na moradia. Soube que Amarilo havia desencarnado e que Andressa fora morar na casa de sua irmã em outra localidade, logo depois que saíra de lá. Katy se deu conta do porquê de Amarilo não ter ido procurá-la. Não ousou perguntar ao jardineiro pelas cartas que Lucrécio poderia ter mandado, pois estariam elas com Andressa, que era uma boa pessoa.

Muito cansada, sentou-se em uma pedra, avistando as janelas da enorme residência, que começavam a se iluminar com as velas dos grandes lustres de cristal. Deitou o bebê na relva, abrindo alguns botões da blusa para alimentá-lo com seu leite.

Dizia baixinho:

– Filho de meu amor pelo jovem nobre desta casa, para onde iremos nós? Tu, meu pequeno, nem nome tens... Queria que teu pai escolhesse teu nome, mas estou com um sentimento negativo em torno disso. Penso que, talvez, eu jamais o veja novamente. Oh, Deus! Não sei por onde se encontra meu pai e seu grupo... O que papai me disse foi uma certeza. Fui abandonada. Mas, cá entre nós, meu filho, eu te chamarei Lindolfo Lucrécio até teu pai retornar, porque esperaremos por ele.

Nisso, começou a ver, de onde estava, algumas

carruagens chegando à residência. Teve a sensação de que seu coração saltaria da boca e fechou a blusa, deixando cair no chão, sem notar, o bilhete que a Irmã Clarissa lhe entregara. Uma rajada de vento o fez dançar pelos ares, lançando-o distante. Katy ergueu-se com a criança nos braços e na penumbra, longe dos archotes iluminados, que estavam sendo colocados na vasta entrada daquele sítio, aproximou-se mais da residência. Viu descerem da carruagem dois homens e duas mulheres vestidos a rigor como para um baile. Mas não era seu amor quem chegava. Notou outras carruagens que entravam no pátio e achou perigoso permanecer lá. Resolveu, então, procurar abrigo na casa que Irmã Maria havia lhe indicado. Procurou o jardineiro do conde, Justino, e agradeceu-lhe o tempo em que descansara.

– Pois não, senhora... Vês as carruagens entrando? É que hoje é o aniversário do senhor conde. Mas... – comentou, olhando-a fixamente – lembro-me da senhora. Não moraste por uns dias com Amarilo e Andressa?

– Sim.

– Eu soube que, naquela época, eras a prometida do jovem desta casa.

Katy baixou a cabeça, mas nada respondeu, ouvindo-o somente comentar:

– Já faz bastante tempo isso, quase um ano. Depois que a senhora saiu, seu Amarilo procurou-te por toda a cidade.

O coração de Katy parecia saltar da boca. Teria Amarilo a procurado para lhe levar as cartas de Lucrécio?

– Sabes o que ele queria comigo? – indagou angustiada.

– É que o endereço que o jovem Lucrécio colocou na correspondência que mandou para a senhora naqueles dias, através de Amarilo, estava errado.

Katy, então, verificou que talvez ele ainda a amasse e se deu conta de que não devia ter deixado a casa do cocheiro naqueles dias.

E o jardineiro continuou:

– O velho cocheiro ficou desalentado por não te encontrar. Procurou-te no convento, com Sóror Felícia, e até perguntou para o nosso patrão se ele sabia de teu paradeiro, mas ele nem lhe deu resposta. O cocheiro me disse que recebeu longas cartas de Varsóvia.

— Eu custei a mandar o endereço de minha nova moradia.

— Bem, isso ele nada comentou comigo.

— Sabes se as cartas que ele recebeu eram dirigidas a mim?

— Não sei, não. O que soube é que eram cartas endereçadas a ele, do patrãozinho, porque sou eu quem apanha as correspondências.

— Há notícias aqui de Lucrécio Philip, sabes dizer-me?

— Diretamente, a senhora deve saber que nada nos é contado, contudo, outro dia, eu ouvi uma senhora, que estava descendo de sua carruagem, perguntar à senhora Sophie por seu filho, e ela lhe ter respondido que Lucrécio Philip se casará com uma jovem muito bela e de sua estirpe, em breve. Isso foi o que ouvi.

Katy tonteou, procurando apegar-se a uma árvore.

— A senhora sente-se mal? Desculpe-me, senhora, se isso conto é porque a senhora deve já ter se casado com outro, não é? Vejo-a com uma criança nos braços... — e, suspirando profundamente, completou – senti pela morte do velho Amarilo e a saída de sua esposa Andressa. Sinto falta deles aqui, porque o outro cocheiro é sempre mal-humorado.

Com o coração opresso, Katy abraçou a criança e despediu-se do jardineiro, apurando os passos para voltar à cidade.

– Obrigada, Justino, foi bom o que ouvi.

Segurando fortemente a criança nos braços, a jovem cigana atravessou a pequena ponte de pedra com o peito oprimido, mas, ao chegar à estrada, desabafou, derramando as lágrimas que soubera controlar frente ao servo de Sophie.

"Então, foi isso. Será que o destino está contra mim?" indagou a si própria. Procurou o bilhete para visitar o casal que viera de Varsóvia, mas viu que o tinha perdido. Com o pensamento em redemoinhos, esquecera aquele endereço. Em sua mente, reviveu todos os momentos de amor e juras do homem que amava, quando estava em sua casa de campo.

"Sim – dizia a si mesma –, eu estou só. É claro que eu estava cega. Jamais ele iria ficar comigo".

Pensamentos de suicídio vinham-lhe à mente, constantemente, com as lembranças do que ouviu enquanto sonâmbula, naquele dormitório, o mais belo daquela casa de campo, conforme Lucrécio falara. E continuava deprimida, com ódio no coração, a dizer a si mesma:

"Matar-me-ei, tirar-me-ei dessa vida miserável em que vivi nestes onze meses. Mas e a criança? O que faço com esse filho adorado que me conforta a alma?"

Assim que Katy começou a deglutir essas ideias, os Espíritos do mal a envolveram como sanguessugas, e ela começou a ouvi-los perfeitamente. "Mata-o também". Virou-se para ver de onde vinham as vozes. A Lua iniciava seu roteiro nos céus, e um vento gélido cortava os ares. Katy, com a criança nos braços, pela estrada que levava à vila, sentia-se só e envolvida por fantasmas naquele anoitecer.

– Estou enlouquecendo, estou enlouquecendo! – E novamente outras vozes eram ouvidas por ela: "Suicida-te, cigana! Estás sozinha, todos te abandonaram! Vem fazer-nos companhia".

– Quem está falando? Vamos, mostra-te, covarde! – repetia Katy, andando em círculos.

Nesse momento, começou a ouvir risos, depois, gargalhadas ensurdecedoras: "Então, não vens conosco?"

Alucinada, forçando a visão no espaço, porque já escurecia, sem uma casa próxima para pedir por socorro, Katy gritou:

– Deixai-me em paz!

Mas eles continuavam: "Suicida-te, mulher, vem conosco!"

Em um ouvido, ouvia essas vozes e, no outro, risos. Estava em total desequilíbrio, em sua mediunidade acentuada. Ela virava-se para ver de onde vinham as vozes e, como enlouquecida, em certo momento, desmaiou. Caiu ao lado da estrada deserta, coração aos pulos, com a criança nos braços, que começou a chorar.

A última carruagem passava por ali em retorno ao lar quando seus viajantes ouviram o choro do bebê.

– Leonard, manda parar, ouviste o que ouvi?

– Nada ouvi, Divina – respondeu-lhe o esposo adormecido.

– Cocheiro, para a carruagem! – ordenou Divina.

– Mas o que dizes, mulher? Por que temos de parar?

O cocheiro parou a carruagem, e Divina desceu.

— Apanha a lanterna daqui e ilumina o caminho, homem, e logo! – ordenou para o cocheiro.

O senhor Leonard, limpando os bigodes, também desceu sonolento.

— Deves estar louca, mulher, eu nada ouço.

Mas Divina, seguindo com o cocheiro em rumo de onde vinha aquele choro, erguia a lanterna, procurando uma criança, próxima à estrada. Um silêncio se fez, mas novamente o choro meio abafado foi ouvido.

— Agora, eu também ouvi, Divina – alertou-a Leonard, seu esposo.

— Olha, é uma mulher caída e leva uma criança nos braços. Apanha a mulher! – ordenou ao cocheiro

Katy estava como morta. Pablo, o cocheiro, levou-a no colo até a carruagem, depois de Divina apanhar docemente o bebê, estreitando-o a seu corpo.

— Meu esposo, se ela estiver morta, esse foi o presente que o Céu nos mandou. Que belezinha de criança, será um menino, ou uma menina?

— Quero que seja um menino, Divina.

— Deixa de querer, ele já nasceu – falou rindo. –

Não é linda essa criança? E gostou de mim, parou de chorar...

— Muito bonitinho, quem sabe nós ficamos com ele? – aludiu o esposo.

— Achas? Mas e se ela sobreviver? – indagou a mulher, sem retirar o sorriso da face.

— Eu diria que quem nos deu esta criança foi o destino, minha Divina. Naquele ano que saímos do médico... Lembras o quanto ficaste triste em saber que de ti não viria criança nenhuma? O doutor dissera que, se não engravidaste até aquela época, provavelmente, não engravidaria mais. Se ele for homem, eu te digo que não devolverei a criança, e está feito!

— Subamos na carruagem e conversaremos isso em nossa casa, sem testemunhas.

O cocheiro já havia colocado Katherine na carruagem, ela dizia coisas sem nexo, como que embriagada.

— Leonard – comentou a esposa, cochichando –, eu acho que essa mulher é uma mulher perdida. Deve ter bebido muito. O que será deste lindo bebê nas mãos de uma pessoa desse tipo?

— Pablo – ordenou Leonard, sem ao menos

comunicar à esposa –, larguemos essa mulher no hospital. Vamos!

Os cavalos foram dirigidos a galope até a cidade e, ao chegarem ao hospital, Leonard e o cocheiro deram entrada a Katy enquanto Divina permanecia na carruagem, cantando canções de ninar para a criança. Parecia que os Espíritos infelizes montavam o esquema para que a cigana se desesperasse e fizesse o que eles estavam pedindo. E Katy continuava:

– Suicidar-me não! Não vou me matar, seus monstros! Como ficará o meu filho? Largai-me!

– Senhores – redarguiu a Leonard a Irmã de caridade –, o lugar dessa moça não é aqui. Ela está demente. Olha para o nada e fala com quem não existe. Devem levá-la ao sanatório.

– Mas estamos com nosso filho no carro, quem sabe a apanhamos amanhã?

– Não podemos aceitar pessoas dementes. Não há tratamento para isso aqui, meu senhor. Por favor, leva-a. O sanatório é distante, eu o sei, mas não posso fazer nada por ela aqui.

Leonard pediu para que o cocheiro ficasse uns segundos com Katy enquanto conversaria com sua esposa coisas que ele não poderia ouvir. Depois, ordenou a ele subir e partir.

— Para onde vamos, senhor?

— Deixemos minha esposa em casa, depois, seguiremos adiante. — E virando-se para a esposa, falou baixinho —: Divina, abre os trapos que cobrem essa criança e vê seu sexo.

— Mas está frio, querido. Viste como ela ficou quietinha em meus braços?

— Sim, aqueceste-a, mas quero ver o sexo dessa criança.

Divina, sorridente como se tivesse ganhado um presente, retirou os panos que cobria o bebê e, olhando para o esposo, sorriu.

— É um menino, Leonard, como tu pediste a Deus!

Leonard sorriu e complementou:

— Gabriel Leonard Dupré Segundo acaba de nascer, minha esposa.

— Mas... e essa pobre mulher?

— Louca como está, nem lembrará que teve um filho. E estamos fazendo um bem a ela, acolhendo essa criança.

– É, isso é verdade.

– Fica aqui em casa, querida – falou quando chegaram –, que eu vou adiante levar essa mulher ao sanatório.

Aberta a porta do grande prédio do sanatório, Leonard puxou da carruagem a jovem, que o olhava com olhos muito abertos, dizendo a ele:

– Solta-me! Não vou me suicidar, verme! – e depois olhava para seus braços vazios, e em sua volta, como que procurando seu filho. - Meu filho, onde está o meu filho? O que fizeram com ele? Tira tuas mãos de mim! – gritava. – Para onde estás me levando? Socorro! Quero meu filho, preciso alimentá-lo!

E Katy fazia menção de voltar.

O médico de plantão veio-lhe em auxílio, olhou para o nobre e fez um sinal com a cabeça, a testa franzida, como a perguntar-lhe quem era aquela mulher histérica ali.

– Eu não sei quem ela é, doutor. Encontrei-a na rua, caída. Quando acordou, verifiquei que estava demente. Trouxe-a aqui, porque é cigana e não há, no momento, nenhum grupo de ciganos pelo local.

Ela deve ter fugido de seu bando, mas, sinceramente, nada mais sei do que isso.

— Ela tem um filho?

— Não havia criança nenhuma com ela, mas vê no embrulho amarrado em sua cintura se há algum documento. Quem sabe...

Um enfermeiro abriu o embrulho enquanto outros dois levavam Katy, que gritava e sacudia-se. Chorando, chamando por seu filho ainda e procurando livrar-se dos braços dos enfermeiros, foi carregada para dentro do sanatório.

— Só há o seu documento aqui. Katherine Slowskaya, de Varsóvia.

Leonard suspirou profundamente. O menino devia ser recém-nascido, e ela não o havia registrado ainda. Devia ser mãe solteira.

— Bem, senhor...

— Gabriel Leonard Dupré

— Bem, senhor Leonard Dupré, essa senhorita deve ficar conosco. Ouve seus gritos, chamando pela criança. A pobre é maluca.

Mais um suspiro deu Leonard, que complementou:

– Vou deixar aqui um soldo, caso essa moça necessite de algo.

O médico embolsou o valor frente aos olhos abismados de Gabriel Leonard que, ao se despedir, marcou seu endereço em um papel e deu-o ao médico.

– Senhor, fizeste bem em trazê-la aqui. Deixa estar que cuidaremos dela como a uma nossa própria filha, ou irmã. Afinal, nada sabemos sobre essa menina – comentou o médico de plantão, sorrindo.

– Sei que ela estará em boas mãos. Adeus! – despediu-se Leonard, colocando a cartola que estava em suas mãos e aprumando a pequena capa acima do pesado casaco.

– Não é todo homem que age com caridade como o senhor. Adeus.

Varsóvia

Os primeiros meses de Lucrécio em Varsóvia foram desesperadores para ele. Sentira-se aprisionado, mesmo quando passava os finais de semana com seus tios. Além do mais, ele fora como que forçado por seus pais a fazer aquela Universidade. Mas pensava muito em Katy, sem ficar preocupado, pois a sabia com Amarilo e Andressa, e que ela tinha em mãos muitas moedas para comprar o que quisesse para si e para a criança. Mas por que ela não respondera às suas cartas? Então, iniciou a escrever mais uma série de cartas com o endereço do cavalariço, mas endereçadas a ela. Foi aí que o cocheiro lhe respondeu, avisando que, havia muitos meses, não tinha notícias dela, não sabia onde se metera a jovem cigana.

Lucrécio desesperou-se ao se lembrar de Katy, desamparada, e foi, nesse momento, que resolveu escrever para o convento. Mandou a primeira, a segunda e a terceira correspondência, todas para Sóror Felícia, sem obter resposta, visto ela não admitir um filho de conde interessado em uma dançarina cigana. Inconsolável pela distância, escreveu a Amarilo a fim de que ele procurasse Katy onde estivesse e lhe desse assistência, mas também não obteve resposta dele. Então, o filho de Sophie lembrou-se de que, em três meses, a mulher que amava estaria com seu filho nos braços, e chorou. Mas não teria coragem de enfrentar seus pais como o fizera pela primeira vez. Então, pensou que talvez isso tivesse acontecido a mando do destino, que não os desejava unidos.

Lucrécio perdeu a fome e alguns quilos com aquela preocupação. E o tempo foi passando... Dedicou-se ao estudo com firmeza, esquecendo, ou melhor, acomodando-se com a distância de Katy pouco a pouco. Dois meses depois, em um final de semana, visitando os tios, conheceu uma bela senhorita, risonha, alegre e cheia de predicados, de nome Ludmila, que sua tia Matilde levou à sua casa para apresentar a ele, de comum acordo com Sophie. Ela era um tipo completamente distinto de Katy. Alta, cabelos louros, olhos azuis, e movimentos clássicos como os tinha sua mãe, nos gestos estudados. Em sua primeira impressão, Lucrécio comparou-a com uma deusa grega. Olhou-a com interesse quando foi apresentado a ela, mas logo subiu para seu dormitório, amuado e triste. Amava a cigana e jamais pensaria em ter outra mulher a não ser ela. Casara-se à moda cigana, amava-a e ia ser pai. Mas por que a falta de notícias de Katy e de Amarilo? Foi aí que resolveu escrever para sua mãe, analisando os fatos e contando a ela seu segredo.

"Mamãe – escreveu ele na carta –, a senhora lembra como eu estava desesperado em ficar quando saí de Trieste? Pois agora não mais posso controlar meu desespero, pois Katy já deve ter ganhado a criança que estava esperando, o meu filho... O meu filho, mamãe, e seu neto. Portanto, como não sei o paradeiro da mulher que tanto amo, peço que a procure e aconselho-os a cuidarem bem dela e do filho que amarei com toda a minha alma.

Lucrécio"

— Esposo, olha só, o que teu filho aqui escreve... – falou horrorizada Sophie, levando rapidamente a correspondência até onde estava o marido e tirando-o de seu momento de leitura. – Vê só o que nosso filho aprontou! Fez um filho na cigana e nos pede para encontrá-la! Como ele pôde não nos ter contado isso antes?

— Ora, por temor – respondeu o nobre, ainda com o livro nas mãos. – Decerto, ele achou que irias forçar a moça a perder a criança.

— Bem, eu faria isso mesmo, mas agora, temos um neto e temos direito a ele. Por onde andará aquela cigana? Eu estive no convento há dois meses, e Irmã Felícia disse-me que nunca mais a viu. Ora, um neto ou uma neta... Já imaginaste, meu esposo? Temos um neto! O sangue do meu filho, e não sabemos onde ele está – depois, caminhando nervosamente de um lado para outro, disse:

— Ah... mas vou tirar essa criança da mãe, não há dúvidas disso. Amanhã mesmo, vou procurá-la por toda essa vila e irei também à cidade. Deve estar passando fome ou doando-se, por aí, por qualquer tostão, mas meu neto não ficará com ela, isso nunca!

– Tens todo o meu apoio, mulher, contudo, primeiro, procura a esposa de Amarilo, Andressa, e vê se ela sabe de alguma coisa.

– Viajarei amanhã mesmo à sua procura.

Nas proximidades de Trieste, Andressa, já com idade avançada, recebia a condessa com grande satisfação, mas um pouco envergonhada por estar morando tão simplesmente.

– Não, senhora condessa – respondeu a ela Andressa. – Eu sei que a senhora está desejando encontrar aquela simples e boa jovem, que seu filho escolheu para se casar, mas não sei onde ela se encontra.

– Escolheu? Não foi assim, foi apenas um arroubo no coração de Lucrécio, mas ele jamais se casaria com ela.

– Não foi isso que ele me disse, senhora. Ele amava aquela cigana.

– Ora, arroubos da juventude... mas dize-me, onde a jovem está agora?

— Não tenho notícias dela. Se não está com teu filho, talvez tenha voltado para as carroças ciganas, mas duvido. Ela esperava uma criança.

— Sei disso e é por esse motivo que aqui me encontro. Olha, Andressa, serás bem paga se a encontrares. Sei que tens aí contigo esse teu sobrinho, que me olhou com olhos graúdos quando, neste momento, eu te falei em dinheiro – comentou, visualizando o rapaz sentado em uma cadeira, com as mãos apoiadas a uma mesa, fazendo seu cigarro de palha e olhando-a desconfiado.

— Ah, este? Bem, ele aprecia muito esse tipo de coisa – respondeu Andressa, sorrindo.

— Pois será isso que ele terá em mãos se me apoiar – disse, mostrando a ele um pacote.

O rapaz, que já estava com o cigarro entre os dentes, aproximou-se lentamente da senhora e fez menção de apanhar o pacote para ver quanto tinha lá.

— Sebastião... – pediu ao cocheiro que havia entrado com ela – leva para a carruagem este valor, para que o rapaz fique extremamente curioso.

— Strúbel, senhora, o nome dele é Strúbel – falou Andressa

E saindo, Sophie virou-se e comentou:

– Sei que ele procurará pela cigana e a encontrará, e esse valor o fará muito feliz, disso eu sei. Boa tarde, Andressa.

– Boa tarde, senhora.

– Tia, viste só o saco de dinheiro que essa mulher tinha nas mãos? – interrogou-a Strúbel.

– Mas por que será que ela quer tanto encontrar aquela jovem? Coisa boa não é, conheço a condessa.

– Mas me conheces, não é, tia querida? Eu a encontrarei, pois teu sobrinho tem verdadeira loucura por dinheiro.

– Sim, mas sossega. Podes ir atrás da cigana, todavia será como encontrar um grão de areia no deserto. No entanto, se isso acontecer, lembra-te de que ela é uma boa pessoa.

– Ela morou com vocês por quanto tempo?

– Três meses.

– Conta-me tudo sobre ela, minha tia – pediu-lhe Strúbel, puxando um banquinho e sentando-se ao seu lado.

E Andressa, que amava seu sobrinho, começou

a relatar todos os fatos relacionados àquela bela e sofredora jovem.

Na Universidade, Lucrécio recebeu uma carta de sua mãe, que lhe dizia:

"Meu filho.

Tenho duas notícias tristes. Nosso cocheiro Amarilo pereceu meses atrás, e quanto à tua Katy, depois de a procurarmos muito por aqui, não a encontramos. Parece-nos que ela largou a criança e fugiu com um cigano qualquer. Não te esperou. Viste como são os ciganos? Mas continuaremos as buscas da criança e já temos quem vá atrás dela; parece-nos que o sobrinho de Andressa sabe onde ela se encontra. Então, quando chegares, terás teu filho nos braços. Sinto dizer-te que, quanto a essa tal Katherine, precisas tirá-la da cabeça, já não deve existir para ti".

Não sabia ele que tudo isso era mentira para que não mais se envolvesse com a cigana.

O filho de Sophie quase teve uma síncope e agarrou-se na poltrona ao seu lado. Como podia ter acontecido isso? Lógico, ela deveria estar debilitada, sem dinheiro e carente de afeto, sentindo-se muito só. Pensando na mulher que amava e que o tinha abandonado, Lucrécio Philip imaginou-a, enfrentando imensas dificuldades no parto e já com a criança nos braços. Mas abandonaria a criança? Não. Conhecia-a muito bem, e isso ela não faria. O jovem médico chorou tudo o que podia e, depois, ergueu-se, dizendo a si mesmo, com o coração corroído pela dor: "A vida continua".

Com os dias que passavam, ele saiu da Universidade e, para se distrair, aceitou Ludmila como amiga, observando nela o que queria ver: as qualidades que a fariam uma boa esposa. Tinha família nobre, era bela, delicada, e seus pais aprovariam. E aqueles encontros se tornaram constantes. Nos finais de semana, tinha ele um dia para passear pelos locais aprazíveis, outro para visitar museus, jardins, ou o que fosse interessante, sempre em companhia de Ludmila e da ama da jovem, que nada falava e parecia surda ao que conversavam. Amargurava-se, com a dor da rejeição, por ter sido abandonado por seu amor, lastimando-se e, muitas vezes, batendo com a mão cerrada sobre a mesa, culpando o destino. Mas Ludmila, atenciosa e envolvente, não se deixava invadir pelos constantes sinais de tristeza que o arrasavam, em detrimento de si mesmo. Ali permanecia em silêncio, com seus pensamentos que eram ligados a um passado em sua cidade. Astuta e por vezes dissimulada para conseguir o que queria, dizia a si mesma que o importante era a chance do "agora" para cativá-lo, jurando fazê-lo esquecer-se de quem quer que fosse. Ainda tinha a oportunidade de alguns meses até que ele tivesse que voltar a Trieste. Assim, dia a dia, pouco a pouco, ela afastava a imagem de Katy do coração de Lucrécio, exatamente como planejara Sophie. E depois de algum tempo, saindo e conhecendo-se melhor, Lucrécio quis visitar seus pais e familiares. Foi nesse momento que Ludmila convidou-o, e a seus tios, para um jantar em sua casa.

Enquanto se trocava para comparecer ao jantar, o rapaz olhou-se no espelho, imaginando Katy ao seu lado, com seu sorriso, sua doçura. Seu coração batia mais forte cada vez que nela pensava, mas a dor da rejeição o feria ao imaginá-la com outro homem. Agora, mesmo se ela quisesse voltar para ele, não a aceitaria. Tinha-lhe um ciúme cortante.

No momento em que colocou no pescoço o laço preto da camisa de festa, ele procurou desviar esse pensamento. Então, olhou-se no espelho, sorridente. Gostava de Ludmila. Sim, sua mãe o amava e sabia o que era melhor para ele. Na posição em que se encontrava como nobre, não poderia haver choques de cultura. Jamais seria feliz com Katy. Mas... e a criança? Bem, a cigana não desejaria que um filho de outro homem atrapalhasse seu relacionamento pecaminoso. Sim, pecaminoso, porque ela era a sua esposa como nas tribos ciganas. Decidido como estava e terrivelmente enciumado pelo abandono de Katy, saudoso da família, relendo suas correspondências cheias de afeto, resolveu, naquela noite, que daria a maior surpresa para aquela que o colocara no mundo. Pediria Ludmila em casamento.

No coche em direção à residência, um pouco afastada do centro da cidade, ele sorria.

– Estás tão feliz, meu querido... Qual o motivo? – inquiriu-o Matilde, com as mãos postas sobre o vestido de tafetá, rebuscado com rendas. – A meu ver, digo-te que estás terrivelmente apaixonado por Ludmila.

– Assim pareço, minha tia?

– Tuas feições demonstram isso.

– Ora, querida – aludiu o marido, Joseph –, nosso sobrinho, pelo que senti, tem já seu coração aprisionado em Trieste. Vez em vez, vejo-o mantido em silêncio e tristeza.

– Bem, meu querido esposo, talvez isso seja saudade de sua cidade, ele está há tantos meses aqui... E Sophie não permitiu que ele retornasse sem antes terminar seu curso.

Lucrécio somente ouvia, sem se intrometer, para ver o que seus tios pensavam dele.

– Não creio que seja saudade de casa, contudo Ludmila é uma boa companhia e quiçá o fará esquecer o que deixou para trás. É jovem, elegante, bonita e cheia de vida, além de culta; acontece que, se ele ama verdadeiramente a mulher de Trieste, aqueles laços jamais se dissolverão.

– Dizes isso com tanta certeza, esposo...

– Digo-o com fidelidade, pois assim aconteceu comigo. Jamais outra mulher poderia ter sido minha esposa, porque somente a ti amei em toda a minha vida.

Matilde apanhou as mãos do esposo, sorrindo a ele, que sentava-se à sua frente, e respondeu-lhe:

– Eu também jamais amei alguém como a ti. Mas olha só... Lucrécio nem se movimenta. Está tão bonito nessa roupa social e com os pensamentos em ebulição. Lucrécio, por que não conversas conosco?

– Estou ouvindo o que dizem, mas me concentrando no pedido que farei a Ludmila e seus pais. Hoje, pedirei sua mão em casamento.

– Pensaste bem, meu filho? – inquiriu-o Joseph.

– Estou certo de que esse será o melhor caminho e de que também farei felizes os meus pais.

– Então, é isso? – adiantou-se Matilde. – Ora, querido, tu é que tens que ser feliz com uma união desse tipo, não teus pais...

– Mas sei que essa é a vontade deles. Não seria o mesmo com... – ia falar em Katy, mas calou-se.

– Com...? – em dueto perguntaram os tios.

– Nada. Mas vede, deve ser ali, os portões estão iluminados e se abrem. Paremos.

– Sim, deve ser. E que bela e suntuosa moradia lá adiante!

A carruagem atravessou o grande portão de entrada, aberto por dois servos, e continuou o caminho iluminado com tochas a óleo. Depois de alguns instantes, todos puderam ver a fachada monumental da residência em pedra, ostentando a arquitetura de castelo.

Tio Joseph desceu primeiro, apanhando a mão delicada de sua esposa Matilde, olhando-a como se naquele momento reconhecesse que a amava, enquanto Lucrécio abriu a porta e saltou do outro lado. Estava ansioso.

A residência, toda iluminada por lanternas a gás, assinalava a opulenta porta de entrada, onde um mordomo, vestindo libré, recebeu-os. O coração do jovem bateu apressado sem saber por que se angustiava, por estar amando ou por aguardar o que viria a seguir. No momento em que todos adentraram no ambiente, Ludmila correu ao encontro de Lucrécio, risonha, e atrás dela, seus pais, sendo que seus irmãos menores espreitavam da grande escadaria o que viria a seguir.

Os convidados foram levados para a sala de estar e, depois das apresentações, a conversa rolou naturalmente. Primeiro, os pais de Ludmila desfiaram um colar de indagações a respeito de Lucrécio Philip, que respondia com prazer e dignidade. Enquanto ele falava, Katy vinha-lhe à mente e percebeu que ela estava ficando em sua vida como uma página virada, como se já não mais existisse. Mas isso seria mesmo real ou teriam sido as palavras de sua mãe que o faziam pensar assim?

Lucrécio continuava a exposição aos pais de Ludmila, sendo que seus tios o auxiliavam nas recordações infantis. O Sr. Rugero e sua esposa Lisindra, pais da mulher pretendida por ele, muito riam ao saber daqueles momentos do menino Lucrécio, distantes no tempo, que Matilde fazia questão de elaborar como bem apreciava.

Sentaram-se todos para a ceia e começaram a beber o que o dono da casa lhes oferecia. Ludmila mirava Lucrécio com olhos ternos do amor que lhe tinha e com a certeza da vitória já obtida. Depois do jantar, ela o convidou para conhecer os terraços que davam para aquele ambiente de estar. Lucrécio, de mãos dadas, desceu com ela alguns degraus para ver a Lua cheia banhando todo o local, iluminando os grandes ciprestes distantes e os arbustos próximos às esculturas de pedra, como a complementar a maravilha da natureza. Foi, então, que, de relance, ele se aproximou dela e a beijou nos lábios.

– Eu te amo, Lucrécio – respondeu Ludmila, com voz apaixonada, após o beijo.

– Não consigo mais suportar essa distancia de ti, querida. Quero que sejas minha esposa. Casa-te comigo, Ludmila.

– Me amas?

– Respondo com este beijo – declarou-se, beijando-a novamente e imaginando-se totalmente apaixonado.

– Então, façamos isso agora para que voltes noivo a Trieste – pediu-lhe Ludmila, temendo o espectro da desconhecida de Trieste, que o abatia por vezes. Não desejava perdê-lo, além do mais, casando-se com ele, voltaria a possuir a vida que tivera em sua adolescência, com riqueza e os muitos servos a servi-la. Aliás, tudo fora articuladamente planejado, e ela o conseguira.

Aceitando o que ela lhe pediu, Lucrécio teve como que uma visão de Katy com uma criança nos braços e tonteou. Sua consciência o estava acusando e sentiu no peito como uma agulha a lhe ferir.

– O que tens? Passas mal?

– Não, minha querida, foi somente uma tonteira, mas já passou. Vamos contar a todos o que pretendemos – ponderou o jovem médico.

Estaria errando? Mas como voltar com sua palavra agora? Além do mais, era isso que seus pais aguardavam, eles deveriam ter razão, e esse deveria ser o seu caminho. Katy ficaria em sua lembrança como um profundo amor. De volta ao lar, procuraria por seu filho, ou filha, para lhe dar toda atenção e todo seu amor. Então, apanhou a mão de Ludmila, retornando aos familiares. Lá chegando, falou em voz alta para que todos o ouvissem:

– Sr. Rugero e Sra. Lisindra, eu peço aos senhores a mão de Ludmila em casamento. Já terminei a especialização que estava fazendo e volto para Trieste, mas desejo lá chegar noivo e com o casamento marcado.

Tanto os tios como os pais da moça ficaram admirados e ergueram-se para cumprimentá-los, aceitando o amor dos dois com mais um brinde. Todavia, Lucrécio, no dia seguinte, caiu em si:

"Mas e se Katy me aguarda fiel e com nosso filho nos braços?"

O vinho havia subido à sua cabeça na noite anterior e mexera com seus hormônios, mas não quis voltar com sua palavra; persistiria no erro.

E concluiu em seus pensamentos: "Katy deve ficar no esquecimento".

Sim, não voltaria atrás, afinal, Ludmila era a mulher ideal para que ele seguisse a nobreza familiar, reatando laços com seus pais, o que realmente importava.

Sophie exultou de alegria e foi comemorar com

seu esposo quando soube, através de Matilde, essa novidade. Afinal, seu filho fez o que ela exatamente pretendia que ele fizesse.

— Viste, esposo, como tínhamos razão? Nosso filho colocou a cabeça no lugar, esquecendo a cigana. A ideia da especialização foi ótima! Agora, teremos nova família morando nesta casa e, oxalá, com muitas crianças.

Começou preparar a casa e a ala do palácio onde ficaria o casal para início de sua nova vida, organizando também o casamento para alguns meses depois de Lucrécio chegar.

Katy, pouco a pouco, era para Lucrécio Philip como pintura esmaecida em sua memória. Seu rosto, seus gestos iam sumindo, mas não a lembrança e o ardor de seus abraços e beijos. Então, resumiu, dizendo a si mesmo: "Katy fora a paixão, Ludmila é atenção e suave carinho, ideal para ser minha esposa".

Ele estava mais maduro, tornara-se um homem, mais belo, mais culto e preparado para carregar o título que seu pai lhe passaria.

Um ano depois de ter partido, Lucrécio retornou ao lar paterno e a primeira coisa que fez, depois de abraçar seus pais, foi apanhar seu cavalo e sair pelas ruas à procura de Katy. Ao rever a paisagem de sua terra natal, uma terna saudade envolveu seu coração e também a dor profunda daquele amor sofrido. Tudo ali lembrava os dias felizes que passara com a dançarina cigana. O vilarejo despertou nele o coração apressado e amoroso. Foi, então, que começou a procurá-la em todos os locais, sem a encontrar. Achou que o que sua mãe lhe dissera a respeito de Katy era verdade. Suspirou profundamente e voltou ao palácio para discutir com o pai onde abriria um consultório na cidade.

Os dias passavam com extrema rapidez, e Lucrécio Philip resolveu ir até o convento onde ficara Katy para saber dela. Sóror Felícia foi chamada e esta pediu que a Irmã Clarissa comparecesse:

– Irmã Clarissa, este é o filho do conde Lucrécio Ernest. O que sabes a respeito da cigana? – indagou Irmã Felícia, de frente ao rapaz, dura e firme como sempre.

– Madre – respondeu-lhe a freira –, eu somente entreguei para Katy uma carta da Irmã Maria.

Lucrécio aproximou-se interessado.

– Mas... Irmã Clarissa, ela nada comentou sobre aquela carta? – perguntou-lhe ainda a madre.

— Não me lembro... Ah, ela leu a carta e falou que iria guardar o endereço na cabeça. Depois, colocou a correspondência sobre o seio para não a perder – respondeu.

— Mas como não perguntaste a ela que endereço era aquele? – indignada e dissimulada, continuou a inquiri-la Sóror Felícia.

— Ora, ela estava com um bebê no colo, e acabei me distraindo, vendo o belo menino, mas decerto iria logo para lá...

Lucrécio encheu seus olhos de lágrimas. Tinha um filho, e um filho homem!

— Bebê? Menino? Eu não sabia de bebê nenhum – dissimulou a Irmã Felícia.

— Soube que ela estava grávida no dia em que eu parti – comentou Lucrécio, cabisbaixo.

— Bem, assim foi melhor. Um nobre deve se casar com uma moça da nobreza. Não é, meu filho?

— É, a senhora está certa, Sóror Felícia, mas gostaria de fazer algo pela cigana e ter meu filho nos braços.

— Para quê? Ciganos vivem em bandos. Não estás noivo, Lucrécio Philip?

— Sim, mas preciso saber...

— Lembro-me agora! – alertou-os Clarissa, com acentuação nas palavras. – Katy leu em voz alta o que Irmã Maria escreveu. Nela, nossa Irmã falava de uma estrangeira que precisava de uma empregada e aceitaria Katy para o trabalho.

— Coisas de Irmã Maria – resmungou Felícia.

— Mas ela estava sem dinheiro para sobreviver? – indagou Lucrécio, preocupado.

— Sim, é que ela saiu do palácio quando soube que o senhor ficaria fora por um ano. Não quis ser dispendiosa para seu cocheiro. Gastou os valores em aluguel e no belo enxovalzinho que ela mesma fez para seu bebê.

Lucrécio baixou a cabeça, preocupado.

E Clarissa continuou:

— Mas não sei o nome do casal, infelizmente, só sei que moram em uma casa grande de dez quartos.

— Ela não faria isso – confirmou Lucrécio – e, quanto ao seu paradeiro, conhecendo-a como conheço, será como procurar uma agulha no palheiro.

— Mas nada é impossível para quem tem fé – consolou-o Irmã Clarissa.

— Obrigado. Se souberem notícias dela e do meu filho, por favor, avisem-me.

E Lucrécio despediu-se, deixando-as com seus pensamentos.

Quando Gabriel Leonard Dupré saiu do sanatório de doentes mentais onde deixara Katy, em retorno ao seu lar, feliz por saber que agora teria um filho e poderia dar-lhe um nome, encontrou sua mulher chorando.

— Divina, o que houve contigo? E por que essa criança tanto chora?

— Precisa de leite materno, e onde vamos conseguir isso?

— Não tinha me dado conta desse detalhe. Arrumaremos uma ama de leite. Dize-me, Severina não teve filho há pouco?

— Sim, mas nossa serva perdeu a criança, e o esposo fugiu.

— Melhor, ela terá leite de sobra para nosso filho.

Divina, no entanto, continuou novamente em lamentado choro.

– Mas o que ainda tens, mulher? Não estás satisfeita?

– Não posso estar satisfeita, olha só o que eu encontrei amarrado nas roupas do bebê.

– O que é isso? Ora, parece-me uma peça em ouro...

– E é em ouro. Não vês aí o brasão do conde nesse medalhão?

– Divina! Essa criança deve ser filho dele com aquela cigana. Pobre Sophie, eu sei como o conde foi em sua juventude e de suas aventuras tenebrosas na mocidade.

– O que faremos, esposo? Seremos obrigados a devolver a criança?

– Vem, querida, senta-te aqui enquanto, primeiro, eu resolvo o problema da fome desse bebê. Por favor, uma coisa de cada vez, está bem assim?

– Sim – respondeu-lhe chorosa a esposa.

Leonard desceu as escadas e foi até o local onde dormiam os servos.

– Anastácia! Vai chamar Severina – ordenou-lhe –, e pede-lhe para vir ao nosso dormitório.

– Ah... O senhor me acordou, desculpai-me,

sonhava com choro de criança – respondeu-lhe Anastácia. – O que desejais, senhor?

– Vai chamar Severina, e rápido, eu te ordeno!

– Está bem. Estou indo.

"Mas por que será que ele quer Severina a esta hora?" – perguntou a si mesma a cozinheira.

Gabriel Leonard voltou e sentou-se ao lado da esposa.

– Eu também estou angustiado por esse novo fato, mas nos calemos. Se ela estava voltando do palácio, como parecia, e desesperada, é porque o conde enxotou-a de lá.

– Mas se ele não a queria por que lhe deu o brasão de ouro com aquela corrente?

– Sim, minha amada, tu tens razão. Mais um motivo nós temos para nos apressarmos a decidir. E duas preocupações: a louca e o brasão. Devemos pensar, pensar...

– Pois não, senhores? Oh, tem uma criança chorando mesmo, não foi sonho de Anastácia... – falou-lhes Severina, chegando a ouvir as duas últimas frases de seus senhores.

– Alimenta-a, Severina! – ordenou-lhe seu patrão

Severina apanhou delicadamente a criança, sorriu para ela e perguntou:

— Já sei, vossa bondade quer que eu substitua o meu bebê que morreu por este, não?

— Não, Severina – falou, já sem paciência, o senhor Leonard –, de hoje em diante, este é nosso próprio filho. Nós encomendamos de uma mulher essa criança.

— Encomendaram? Não entendo...

— Não precisas entender. Somente dá leite a ele. Mas é necessário calar-te. Ninguém deve saber desse fato. Pagar-te-ei uma quantia por mês, por teu silencio. E se eu souber que falaste, ai de ti!

— Ele? É um homenzinho? – Severina desconversou.

— Sim, e será um bom homem, verás. De agora em diante, serás a ama de leite dele e serás muito bem recompensada.

Quando Severina saiu, a esposa de Leonard, que ficara calada por todo o tempo, perguntou-lhe:

— Esposo, como faremos? Afinal, nossos vizinhos moram somente há alguns quilômetros daqui. Como vamos esconder do conde essa criança, que ele já deve ter visto?

— Ora, Divina. Se ele enxotou aquela mulher de sua casa foi porque não queria ter sua safadeza desmascarada. Sophie não o perdoaria.

— Mas por que ele não pediu de volta o brasão da família?

— Querida, como sabes se ela não o roubou? Pode ter sido uma artimanha daquela cigana. Vem, senta-te novamente e descansa. Ao lado de nosso dormitório, dorme agora o nosso herdeiro. Já pensaste nisso? – comentou, abraçando-a, e Divina, que se aconchegava em seus braços, respondeu somente:

— Devemos agradecer a Deus essa bênção... Mas estou penalizada pela mulher.

— Não te penalizes dela. Daqui a alguns dias, vou recolhê-la de lá para que ela possa voltar a dançar como boa cigana. Também não sou tão ruim assim. Conheces-me bem, não?

— Sim... te conheço bem. Sabias o quanto eu desejava um filho, que jamais poderia sair de mim...

— E agora o tens. Vem, a madrugada está fria. Acalentemo-nos em nosso leito. Hoje, dormiremos mais felizes.

Deitados, olhando as estrelas da janela aberta

do segundo piso, abraçados, o esposo de Divina comentou:

— Colocaremos nele o nome de Gabriel Leonard Dupré Segundo, o que achas?

— Será um lindo nome, mas, cá entre nós, eu tenho meus receios e péssimas intuições.

— Ora, já vens cá com tuas bobagens... intuições... onde se viu...

— Mas para isso... teremos nós que mentir aos amigos? Eles sabem que eu não estava grávida. Como vou ter ganhado uma criança, assim, do nada? Eles sabem o quanto eu desejava ter um filho.

— Para isso temos que pensar... que pensar... Mas amanhã pensaremos. Hoje, vamos nos alegrar pelas coisas terem acontecido dessa forma. Uma criança veio do nada, e temos uma ama de leite em nossa casa. Deus foi quem nos mandou esse filho, Divina. Louvemos a ele, isso sim!

Os dias passaram, e Ludmila chegou com a família para o casamento. No momento da festa, o casarão iluminado abrigava infinidade de pessoas de muitas localidades longínquas. Ludmila casava-se com

Lucrécio Philip, pelos laços santos do sacramento, na capela do palácio.

Distante dali, Katy muito chorava. Sensível, foi advertida por seu coração sobre o casamento do homem que amava. Sabendo onde estava e inteligente como sempre fora, tendo por finalidade criar sua fuga, não mais mostrou desespero frente ao médico. No seu coração, sentia muita dor ao colocar os pensamentos em ordem e, como em um sonho, ver seu filho nos braços da mulher que a acolheu na estrada. Mas teria sido real ou tudo não passara de ilusão? Teria ganhado, mesmo, o filho?

Colocou a mão em seu ventre e lembrou. Sim, o filho saíra dela, mas por que não estava com ele?

– Então, jovem? Tens, ou não, uma criança? – indagou-lhe o médico que a analisava seguidamente.

– Não tenho. Sei que vim para cá vítima de esquecimento por alta dosagem de medicações e bebidas que meu próprio povo, em brincadeira, forçou-me a beber. Penso que devo, naqueles dias, ter dito muitas bobagens, porque falei em criança que jamais tive. Que bom que pessoas caridosas me apanharam na rua, e agradecerei a eles, se relembrar suas fisionomias, quando os vir. Saiba o senhor, doutor, que muitos, aliás, a maioria, não respeitam a nossa raça.

– Sim, sei que ciganos devem andar com ciganos, exatamente por esse motivo, e – continuou tranquilo – estou bem satisfeito com sua melhora rápida. Não vejo mais razão para a senhorita aqui permaneceres, no entanto, o nobre Gabriel Leonard deverá ser avisado para assinar alguns documentos de tua soltura.

"Ele não me deixará partir, o que fazer?" – pensou ela, horrorizada.

– Terei que aguardar por ele, doutor?

– Pois sim, ele foi o responsável por tua cura, colocando-te aqui nesta casa, e esse é o passo correto a se dar.

– Quem sabe eu possa auxiliar na cozinha ou em algum trabalho doméstico enquanto meu protetor não aparece?

– Pensarei como colocar em tua "alta" o teu pedido, que será enviado à organização hospitalar.

– Muito obrigada, doutor.

Dias depois, o rapaz das verduras ficou adoentado, e rapidamente foi pedido para Katy acompanhar o carroceiro para comprar frutas e legumes na feira da cidade para o alimento do dia.

O sucesso de seu retorno causou admiração no sanatório, e assim ela começou a ter a liberdade que necessitava, até um dia obter a oportunidade de fuga, procurando em primeira mão por Andressa, a fim de lhe pedir algum valor e poder voltar a Varsóvia. Tinha em mente o auxílio de seu pai e dos amigos ciganos para conseguir seu filho novamente. Não poderia bater na porta do nobre que ficara com seu filho, visto lembrar-se de que ele confirmara no sanatório que ela perdera a razão: "Ela não tem filho nenhum, está demente a pobre moça" – ouvira-o dizer.

Lembrou-se do endereço de Andressa, que o jardineiro havia lhe dado, e foi até aquela localidade, encontrando-a com seu sobrinho, contudo, vendo nele a fisionomia de alguém em quem não se poderia confiar, resolveu não contar a verdade.

– Minha filha, tu estás viva!

– Por que dizes isso, senhora Andressa?

– Ora, a condessa Sophie anda à tua procura. Quer teu bebê a todo custo.

– Mas que bebê? Quem disse que ele sobreviveu? – confiou-lhe a jovem, desejando esconder a verdade.

– Não sobreviveu? – inquiriu, decepcionada, a viúva de Amarilo.

– Não, ele morreu no momento do parto.

– Oh, minha filha... que dó. Penalizo-me também pelo homem que amavas.

– Ele já se casou? – perguntou a cigana, cabisbaixa.

– Chegou de Varsóvia noivo, e a condessa está muito feliz com aquela união. Strúbel recebeu um valor para encontrar teu filho, Katy – disse-lhe e, dirigindo-se ao sobrinho –, terás que devolver aquele dinheiro.

Strúbel olhou para Katy com cólera. Não havia encontrado a criança, mas já tinha planejado colocar outra no lugar daquela para ganhar o que haviam prometido a ele.

Mas Katy cortou o assunto, dizendo a Andressa:

– Minha amiga, eu vim até aqui, porque necessito muito de teu auxílio. Quero procurar meu pai em Varsóvia, mas não tenho o valor para a passagem.

— Já gastaste tudo o que o jovem Lucrécio te deu?

— Lembra-te de que era para uso de alguns meses, e já faz um ano que ele partiu. Assim que encontrar meu pai, eu virei aqui te restituir o que hoje me emprestareis.

— Strúbel, faze-me o favor de me dar algumas das moedas que recebeste – ordenou-lhe a tia. – Katy vai devolvê-las mais tarde.

O sobrinho fez uma cara de insatisfação, apanhando no quarto três moedas que mal e mal davam para a viagem de trem.

— Isso é muito pouco, Strúbel, tem dó da pobrezinha...

Ele apanhou mais duas moedas, olhando Katy de soslaio e pensando: "Droga! Por que essa mulher foi voltar bem agora?"

— Está bom esse valor, querida? – inquiriu-a a boa Andressa.

— Sim, dá para a passagem, obrigada.

— Isso é um presente para ti, minha querida, não precisas devolver.

— Não, é apenas um empréstimo.

— Não há necessidade de devolução, querida, pois muito nos ajudaste quando estiveste conosco.

O sobrinho de Andressa foi ter com o jardineiro, meses depois. Lucrécio estava prestes a chegar da viagem de lua de mel em Paris. Sophie, estando em seu dormitório, ao olhar para fora, viu Strúbel conversando com o homem. Queria a criança consigo e, com receio de perdê-lo de vista, desceu tão rapidamente as escadarias, que se sentiu mal, encostando-se na murada que sustentava os últimos degraus para conseguir fôlego necessário e encontrar-se com ele:

— Strúbel, não vás embora ainda! Vem cá – falou, quase sem fôlego, vendo-o encaminhar-se para o portão de entrada.

O rapaz, magro e sisudo, de casaco preto e surrado, aproximou-se dela, chutando algumas folhas do caminho. Depois, resmungando ao chegar perto da nobre senhora, forçou um sorriso e fez-lhe uma reverência:

— Senhora condessa, por que me chamaste?

— Ora, desejo saber se estás procurando pelo que

te pedi ou se vieste apanhar algum dado significativo, com meu jardineiro, sobre a cigana.

– Antes eu pudesse conseguir o fio para puxar essa meada.

– Chamei-te para dizer que estou disposta a dobrar o valor para receber meu neto aqui.

– Bem... eu estou fazendo o possível, condessa. Como a senhora vê, ainda agora, eu estava conversando com o jardineiro sobre isso. Tenho andado por essa cidade há muito e desconfio de uma bela jovem que vi uma vez na feira das frutas. Segui-a e a vi abraçar o bebê, que trazia em um carrinho, com tanto amor, que só poderia ser aquela criança seu próprio filho – comentou, mistificando.

Ansiosa, Sophie indagou-lhe:

– E então?

– Bem... Agora, eu vim apanhar maiores detalhes sobre a fisionomia da jovem e acho que a encontrei. Mas como apanhar a criança?

– Ora, meu filho, tu darás um jeito.

– Mas se vosso filho ama aquela cigana, como diz a minha tia, isso ele não desejará que façamos – imbuiu-se o jovem em dizer.

– Bem, ele não sabe mais nada sobre Katy, a cigana. Sei que esteve procurando-a sem a encontrar, esse desmiolado. Foi bom isso ter acontecido. Deves roubá-la para que aquela mal-intencionada jamais saiba onde a criança se encontra.

– Sim... Se eu for acobertado por vós, condessa, será isso o que farei.

"Jamais perderei essa fortuna, da qual a condessa quer abrir mão para me dar" – confidenciou a si mesmo.

5

Gerard PROCURA *Miranda*

"Um novo mandamento vos dou: que vos amai uns aos outros, como eu vos amei". - **Jesus**

João, 13:34

Três meses depois da conversa que os amigos tiveram no gabinete da casa de campo de Lucrécio, Gerard, apaixonado que fora por Antonia, foi à Itália a fim de se reencontrar com o antigo amigo Martinho Miranda. Alegre, mas com certa desconfiança, pois passaram bons anos sem se verem, Martinho atendeu-o, e como que gaguejou quando abriu a porta e o viu.

– Gerard... O que fazes aqui?

– Ora, vim te visitar.

– Senta-te – pediu-lhe Martinho Miranda. – Eu já estava saindo para acompanhar meu pai ao escritório. Afinal, o que vieste fazer aqui? O que queres de mim?

– Nada quero de ti, somente conviver contigo por um dia, ao menos. Quando poderemos nos encontrar?

– Ando muito ocupado na fábrica de meu progenitor, mas se desejas, quem sabe podemos dar uma voltinha pelo cais do porto agora?

– Nesse frio? Queres me matar, meu amigo, e, ainda mais, próximo à água? Afinal, não mais aprecio esses banhos, depois que Antonia pereceu daquela forma.

– Ora, mudemos de assunto – disse Miranda, levantando-se, apanhando um cigarro e colocando para fora longas e demoradas baforadas.

– Por favor! Não coloques essa fumaça malcheirosa diretamente em minha face. Faz tempo, sim, que Antonia pereceu, mas recordá-la para mim é um grande prazer.

– Mas não desejo comentar mais nada sobre ela.

Depois que saí daquela festa, eu soube que ela morreu afogada, coitada, mas... o que vieste aqui fazer, afinal? Acusar-me de um assassinato?

— O quê... Dizes que a morte de Antonia pode ter sido um assassinato? – inquiriu-o Gerard, com cara de espanto, e erguendo-se também da cadeira. – Puxa, com isso eu não contava.

— Desculpa-me se falei uma bobagem – nervoso e alterado, Miranda confessou.

— Ora, mas por que não um assassinato? Poderia ter sido... Bem... Eu nunca pensei nisso, a não ser agora. Sabes, por incrível que pareça, meu amigo, a alma de Antonia não está em paz.

— Ora, mortos estão mortos.

— Não, meu amigo, eu a vi, e a vi chorando...

— Por acaso és um alucinado, como falam por aí?

— Digo isso porque eu vejo fantasmas que, por vezes, atormentam-me. Vi Antonia depois de morta, naquela casa, meses atrás – dissimulou Gerard para chegar aonde desejava.

— Deves procurar um psiquiatra, meu amigo, ou estar brincando, isso foi coisa de teus pensamentos, também ligados a ela. E já que estamos falando sobre aquela bela mulher, por que motivo nunca te achegaste a ela?

— Ora, eu jamais a quis.

— Estás mentindo... Eu notava teus olhares ardorosos quando a vias.

— Ela estava sempre contigo, Miranda. Não me deixavas uma brecha sequer.

— Sim, e por ciúme tu mesmo poderias tê-la assassinado.

Gerard ergueu-se. Mas onde fora parar aquela conversa? Sim, se fosse considerado um assassinato, Miranda ficara tempo suficiente no jardim para cometer um crime daqueles.

— Tu poderias ter motivo para assassiná-la, e não eu.

— Dizes bobagens. Eu somente a desejava – aludiu Miranda, erguendo-se, ansioso com aquela conversa, sempre fumando e caminhando em torno de Gerard.

— Mas não foste capaz de amá-la como ela precisava.

— Afinal – redarguiu Miranda, fixando-o com

rancor –, o que sabes sobre nós? Ela narrou-te os nossos... Por isso, estás me acusando? Vieste me culpar de sua morte? Eu fui embora quando ela me pediu para que me casasse com ela. Ora, não queria me casar tão cedo! Deixei-a divagando à beira do lago, portanto não sou culpado de nada! Tu a assassinaste por ela querer a mim, a mim! Entendeste?

Assistindo à reação do antigo amigo e nela a certeza de que ele soubera da gravidez de Antonia, Gerard continuou:

– Eu vim aqui te visitar, e me culpas de assassinato? Saibas que desapareci de lá assim que soube do fato, penalizado de ti, porque iriam te prender depois da autópsia.

– Por que fizeram a autópsia se ela se atirou na água para morrer?

– Ora, Martinho, só para verificar por que ela fez isso.

– E...?

– Ela estava grávida. Tu a mataste, se não diretamente, mas a mataste – comentou Gerard, ironizando, com um sorriso sórdido, para mostrar a Martinho que tudo fora esclarecido.

– Pobre de ti, que pensas tão mal de mim...

Sofri muito a perda de Antonia. Quem era o pai da criança?

— Eu — dissimulou Gerard, somente para ver a reação de Miranda.

Miranda ergueu a cabeça, dando boas gargalhadas... — Tu, tu... Ora! — e voltava a gargalhar. — Ela era inocente quando a tive em meus braços! Fui eu, a criança era minha! Antonia havia ficado possessiva e extremamente ansiosa. Começou a me aborrecer, sempre atrás de mim!

Gerard queria esbofeteá-lo. Aquele homem incoerente e absolutamente vazio em sensibilidade estava falando da mulher que Gerard amara secretamente. Estava com vontade de sair dali, mas planejou com tanto esmero saber a verdade, que logo falou a Miranda.

— Ris, e com razão, porque jamais eu faria com uma mulher o que fizeste, fazendo-a sofrer a ponto de tirar a própria vida.

— As mulheres se entregam porque é isso que querem, meu amigo. Tu não sabes viver, com esse porte de inglês disciplinar.

— Para com essas brincadeiras, Martinho, se não quiseres que jamais continue a falar contigo.

– Então, esqueçamos esses fatos e vamos descer para bebermos alguma coisa.

Depois de um bate-papo de Martinho sobre as bobagens ditas na Universidade, cujas perguntas seu amigo respondia maquinalmente, Gerard voltou ao hotel, e sua cabeça parecia que iria rebentar. "Teria o amigo sido capaz de assassinar Antonia?" – perguntava-se. E combatia suas próprias perguntas com outras: "E por que não?"

Gerard ergueu-se do leito, mesmo sem dormir, arrumou sua bagagem e pensou em voltar a Trieste nas primeiras horas da manhã; mas, logo a seguir, achou que deveria saber mais sobre a vida de Miranda naquela cidade. No dia seguinte, o amigo foi apanhá-lo no hotel para um bom café da manhã e, mais tarde, saíram para se distrair em uma festa. Lá, de olhos e mente no antigo amigo, Gerard visualizou sua maneira com algumas mulheres, fixando-se especialmente em uma moça, que pediu para falar a sós com ele e que saiu de lá chorando, batendo a porta do bar.

– O que houve com a bela jovem, Miranda?

– Ora, essas moças saem um pouco e logo exigem casamento.

– Que tal ela é? Achei-a interessante, se não a

desejas mais – indagou Gerard, mistificando, só para ver a atuação do amigo. – Como ela é pessoalmente?

– Ela é... bem... teríamos sinônimos para uma boa sobremesa?

– Se ela é como esse doce de que falas, não acredito que a trataste como a uma mulher adulta. Não poderia ser, pois se vê que ela é ainda inocente, e muito jovem.

– E eu sou capaz de deixar uma moça que passa por mim inocente, Gerard? Então, não mais me conheces – riu-se, orgulhoso do fato.

Gerard teve que se controlar para não colocar as mãos naquele sujeito e bater nele, mas queria saber mais. Então, confidenciou-lhe:

– Se isso não te deixar mal, eu vou atrás dela. Gostei da menina. Como ela se chama?

– Sonja Deville mora...

Deu-lhe o endereço e, em outro papel, colocou um recado a ela. Gerard levantou-se para sair e satisfazer sua curiosidade e ver se era verdade o que ele afirmava sobre a jovem e o porquê de ela sair descontrolada daquele jeito do bar.

– Vai, podes ir atrás dela. Assim, quem sabe, ela me deixará em paz... Que mulher pegajosa ela é, desejando casamento... Era só o que me faltava. Isso me aborrece. Vai atrás dela, vai.

Enrijecido, com náuseas pela falta de humanidade e pelo tratamento que Martinho tinha com as mulheres, Gerard não fez o que tinha combinado com Martinho Miranda, mas, no dia seguinte, visitou a jovem, batendo em sua porta.

Com os olhos marcados pelo choro, a moça custou a abrir-lhe a porta.

– O que desejas, senhor?

– Trouxe-lhe um recado de Miranda.

Ansiosa, ela lhe pediu para entrar, sem ao menos cumprimentá-lo, e abriu rapidamente a missiva. Depois, largou-a sobre a mesa, dizendo ao portador:

– Vou matar-me! Infeliz! Miserável!

Gerard apanhou o papel para ver o que dizia e leu:

"Minha princesa, esse jovem que vês à tua frente acalentará teus dias daqui para a frente, porque estou com outra. Peço que me esqueças e, por favor, não mais me procures. Adeus".

Sonja correu para uma outra peça de seu apartamento e sentou-se em uma cadeira, chorando tudo o que podia.

Gerard, pedindo-lhe licença, lentamente foi atrás dela e colocou as mãos em seu ombro. Lamentou-se, dizendo:

— Ele não vale o que come, Sonja. Não merece tuas lágrimas. Ele mentiu no bilhete. Não tem mulher nenhuma e faz assim com muitas.

— Oh, desgraça, estou grávida! Como vou conseguir trabalho?

Colocou os olhos azuis sobre Gerard, que se encontrava penalizado, e, secamente, perguntou-lhe:

— Afinal, o que queres de mim? Vieste para me ver chorar, sofrer?

— Não. Desejo ajudá-la. Anos atrás, perdi a mulher que amava e não desejo que te suicides também. Como foste cair na conversa de Miranda?

— Ah, senhor, ele me ofereceu o Céu, primeiramente, para me conquistar e, depois, quando me viu estar apaixonada, começou a fugir de mim. Então, fiquei sabendo que eu esperava uma criança.

— És tão jovem... Onde estão teus pais?

— Meus pais se foram, estão mortos, moro com uma tia – respondeu, enxugando os olhos e logo apanhando novamente o lenço, assoando o nariz e continuando –: Se ela souber, ficará desesperada, pois, como vê o senhor, somos pobres e, com uma criança, não poderei trabalhar. Oh, o que será de mim?

Gerard pediu licença e sentou-se ali em frente da moça, silencioso. Estava pensando como poderia solucionar a vida da menina.

– A solução é a morte, porque ainda amo aquele homem. Amo-o e também o odeio. Ele como que me enfeitiçou – dizia ela, sempre lavada em lágrimas.

– Façamos o seguinte – resolveu dizer Gerard –, volto a Trieste amanhã e posso levar-te comigo.

Ela olhou-o com os olhos avermelhados, imaginando que ele lhe faria o mesmo que Miranda, mas resolveu deixá-lo falar.

– Compro uma passagem para ti. Lá ficarás por uns tempos com minha irmã, em sua casa. Eu consigo quem faça o parto sem gastares nada. Assim, não terás despesas.

Vendo a fisionomia desconfiada que ela lhe fez, ele ponderou:

– Não, não penses de minha pessoa o que não é verossímil. Somente eu não posso permitir que outra jovem se suicide novamente por causa de Martinho.

Agradeceria se fosses, porque estarei fazendo a ti o que não pude fazer pela mulher que tanto amei.

— Mas... eu nem o conheço... direito...

Gerard apresentou a ela um cartão de visita e afirmou-lhe:

— Sou advogado e não posso ver alguém, bela como tu, desejar tirar duas vidas: a tua e a daquele que está no ventre, por um desgraçado desses.

— Tu o chamas de desgraçado. Mas ele não é teu amigo?

— Foi meu amigo, antes de tê-lo conhecido melhor. Se fores comigo, tua tia não ficará sabendo de tua gravidez. Eu te sustentarei durante toda a gestação, depois, colocarei a criança em boas mãos. O que achas?

— Por favor, deixa-me ver teus documentos para ver se não mentes.

O amigo de Lucrécio mostrou-lhe, e ela, pela primeira vez, sorriu.

— Deus seja louvado, abriu-se a porta da esperança para mim, além do que, não darei mais despesas à minha tia. Conversarei com ela, contar-lhe-ei o ocorrido e, tenho certeza, saberá compreender e me abençoar.

6

Lucrécio e Ludmila RETORNAM *da lua de mel*

> *"Foge também dos desejos da mocidade;*
> *e segue a justiça, a fé, o amor e a paz com os que,*
> *de coração puro, invocam ao senhor".* **Paulo**
> II Timóteo, 2:22

A tarde mostrava sinais de chuva, e o perfume dos arbustos adentrava pelas frestas das janelas da carruagem que levava o casal Lucrécio e Ludmila diretamente para o palácio do conde de Buonafonte. Ambos, em silêncio, olhavam-se vez em vez. Lucrécio abriu a janela e começou a visualizar aquele caminho que tanto amava e não distante da cidade de Trieste. Onde estariam seus amigos Gerard e Adolfo? Pensaria em procurá-los para voltar a alegrar sua vida com eles. Aquele casamento estava monótono.

Na carruagem, rumo ao palácio do conde Buonafonte, o casal Ludmila e Lucrécio Philip, já envolvidos pelos laços do matrimonio, voltavam da lua de mel.

– Ora, esposo, que mal te aconteceu? Já não és mais o mesmo comigo. Acaso alguma outra mulher perturba teus pensamentos? – inquiriu-o Ludmila, com os olhos meio cerrados e o rosto inclinado, demonstrando desconfiança.

Ele a olhou de soslaio, mas nada respondeu, achando interessante ela ler seu pensamento. E Ludmila continuou, querendo saber mais de seus interesses:

– Sua tia me falou, bem antes de nos casarmos, que apanhou uma correspondência tua destinada a certa mulher... e que te debruçavas de paixão por ela – comentou, tentando adivinhar o que lhe ia na alma. – Seria um fruto proibido, uma dama casada, ou...?

– Hum... – fez o rapaz e voltou a respirar o ar puro e gelado daquelas paragens, enchendo os pulmões e expirando como se quisesse expulsar os demônios de seu pensamento.

Ludmila mudou de lado e sentou-se próxima a ele, acariciando-lhe o braço:

– Então... gostavas mais dela do que de mim? Dize-me, meu conde...

– Larga-me, Ludmila! Mas o que é isso? Por que esses rompantes de paixão? Deves te contentar com o que tens. És minha esposa e deves ficar satisfeita com isso. O que mais desejas de mim? Com a lua de mel terrível que tivemos, desejas que eu te ame? Expulsaste-me do leito na maioria das vezes, e agora, que estamos chegando em casa, vens com essas lamúrias? O que desejas conseguir, afinal?

A jovem esposa afastou-se e respondeu-lhe altiva:

– Sim, afastei-me de ti porque parecias alucinado para ter em teus braços outra mulher, que não eu. Pensas que gostei quando me chamaste por Katy enquanto adormecias?

Ele olhou-a:

– Perdoa-me – depois calou-se novamente, mas ela retrucou:

– Bem que minha mãe dizia que parecias indiferente comigo e, num relance, pediste-me em casamento e aceitei. Que boba fui!

– Ora, mas o que quiseste conseguiste. Terás um nobre com dinheiro em teus lençóis... mas somente no dia em que eu o desejar – disse-lhe com arrogância.

– Assim, não te queixarás mais.

– És odioso, odioso!

– Mas, ao menos, casei-me com alguém que meus pais queriam.

– Teus pais! Então, foi esse o motivo!

– Sim, esse foi o motivo, agora cala-te, porque já estamos avistando o palácio.

Depois, ponderando, comungou com ela:

– Perdoa-me, Ludmila. Não dês valor ao que te falei, porque estou preocupado.

– Preocupado com o quê?

– Com meu trabalho. Mesmo que meu pai não dê importância, eu amo a Medicina. Vem, aconchega-te em meus braços. Precisamos viver bem e não em guerra. Nós vamos aprender a conviver melhor, verás. O amor real virá aos pouquinhos.

Chegando à moradia, abraços, risos, presentes. Sophie nada comentou com Lucrécio sobre o que soubera de seu filho, pois ainda não o tinha encontrado.

Lucrécio Philip chegava da viagem desiludido com a esposa, que se mostrara indiferente à sua pessoa, desvendando seu lado obsessivo para despesas desnecessárias. Ele certificara-se de que ela o conquistara somente para ter melhor posição financeira e um título nas mãos, mas nada poderia fazer agora. Mesmo procurando-a, já não experimentava por ela aquele sentimento que antes parecia se encaminhar para o amor real. E a lembrança de Katy fantasiava seu coração com o ideal anterior, achando que ainda a poderia ter, talvez, na penumbra dos dias que viriam. No entanto, o tempo passava...

Certa tarde, depois de abraçar novamente seu trabalho no hospital, Lucrécio saiu para andar um pouco, introspectivo, pelo vasto jardim de seu palácio. Foi mais adiante, fixando-se no passado e na imagem de Katy, próximo aos muros de distante residência, quando viu algo voar com a ventania súbita que acontecera. Era um papel esmaecido pelo Sol, que veio quase em suas mãos e voou novamente. Ele perseguiu-o. Mais uma rajada de vento levou-o, mas desta vez o filho de Sophie fez um movimento brusco para apanhá-lo, caindo no chão com o papel entre os dedos.

Leu-o e começou a se emocionar. Era de Irmã

Maria para a sua Katy, a nota que a freira deixara a ela. Agora saberia como encontrá-la. Rapidamente, voltou ao palácio, apanhou seu coche e, apressado, foi ao encontro de sua amada. Não poderia controlar o desejo de revê-la e a seu filho. Lá chegando, bateu ininterruptamente na pesada porta, e quando veio atendê-lo a senhora Vernek, ele ficou ciente de que ela jamais havia chegado lá. Para onde teria ido? Perdera Katy novamente. Mas, afinal, para que a procurava se estava eternamente ligado à Ludmila? Mas precisava saber dela, se ela o estava odiando, e conhecer seu filho. Desiludido, notou que cometera o maior erro de sua vida. Jamais esqueceria sua adorável cigana. Será que sua mãe dissera a ele a verdade?

Ao chegar em sua residência, desceu do coche e pediu para o cocheiro recolher a carruagem. Entardecia, e um vento gélido apontava o outono que chegava. O céu estava gris como a amarga dor de seu peito e, sério, o rapaz sentiu na alma a tristeza que dela tomou conta. Não adentrou na residência, em vez disso, saiu a caminhar entre o arvoredo até o céu ficar totalmente breu e sem estrelas e, só aí, pensou em enfrentar a nova vida, que o enlaçava como fortaleza cerrada e de onde jamais poderia sair.

No dia seguinte, pela manhã, conforme havia

combinado com a condessa Sophie, entrava pelos fundos do palácio o coche do sobrinho de Andressa, levando a criança, já alimentada pela tia, que, intimamente, sabia que aquilo era um engodo. Katy havia lhe dito que a criança não sobrevivera, mas Strúbel, esperto como era, comentou-lhe:

— Titia, eu vi aquela mesma cigana, dias atrás, na feira com seu filho no colo. Ela mentiu para a senhora com receio de que a condessa lhe tirasse o filho, mas se arrependeu e foi procurá-la ontem, quando sua amiga Gertrudes foi buscá-la para mostrar sua nova moradia. Por isso, quando a senhora chegou em casa, encontrou esse bebê lá.

— Mas um filho tão claro, Strúbel?

— E daí, tia?

A viúva de Amarilo desconfiou do sobrinho, pois um filho loiro de uma cigana... Isso estava difícil de acreditar, e Strúbel estava mentindo para ela. Aquele bebê não poderia ser o filho do conde e da cigana, ambos com os cabelos escuros e a pele não tão clara. No entanto, Strúbel tanto insistiu que ela o auxiliasse na missão e no compromisso com a condessa, que Andressa cedeu. Foi com ele.

— Meu filho — chamou Sophie, sorridente,

tirando-o de sua introspecção em seu gabinete de trabalho –, eu quero aproveitar a distância de tua bela esposa para te dar uma grande alegria!

Lucrécio não conseguiu imaginar o que poderia dar-lhe uma grande alegria, porque uma grande alegria jamais ele poderia ter.

– Dize-me, minha mãe, o que poderá dar-me grande alegria? Temos lagostas para o almoço, ou... marrecos selvagens? Conseguiu papai um bom consultório para eu trabalhar, ou estará ele contratando para mim um novo cocheiro? – perguntou-lhe, caçoando.

– Ora... como pensas mal de tua mãe, meu rapaz. Não somente de futilidades vivemos nós, mas de alegria em termos conosco um familiar de uma nova geração.

Lucrécio Philip ergueu-se num átimo e inquiriu-a:

– O que desejas dizer com isso?

– Senta-te, meu filho, não consigo conversar contigo com toda essa ansiedade que demonstras para mim. Senta e acalma-te. A conversa que vamos ter é delicada.

Ambos sentaram-se.

– Bem, Lucrécio, quando eu soube que a ardilosa cigana estava esperando um filho teu ...

– Ardilosa? Modera o palavreado, minha mãe, em respeito a minha pessoa. Dize-me, conheceste a minha Katy, onde ela está? – perguntou Lucrécio alterado, erguendo-se de relance.

– Acalma-te. Senta-te aí, que vou declarar-te como se encaminharam as coisas.

– Não posso me sentar, parece que vou explodir de ansiedade. Eu amo aquela mulher, mamãe!

Ela puxou-o pelas mãos e o fez sentar-se novamente à sua frente. Ele olhou-a atento, ouvindo-a continuar.

– Cala-te! Agora, és um homem casado, e se te sentires melhor, procura por aí a tua cigana e, se a encontrar, trata-a como aprovares. Mas nunca fales ou comentes sobre isso frente à tua esposa, entendeste? Ela iria virar o palácio todo e transformá-lo em um verdadeiro inferno.

– Então, sentiste o gênio forte que ela tem, não, minha mãe?

– Percebi. Mas voltemos ao que interessa. Desde o dia em que lemos a carta que mandaste, relatando que aquela cigana esperava um filho teu...

— Katherine, ou chama-a de Katy; e ela não é "aquela cigana". É uma pessoa íntegra e de caráter, que faria inveja a muitas mulheres, principalmente a Ludmila, e não teve culpa de ter nascido entre ciganos.

— Tua Ludmila foi muito bem escolhida por ti, por que a rejeitas agora? Pelo que falei? Ora...

— Porque a estou conhecendo melhor, minha mãe. Ela é fútil e interesseira. Mostrou-me ser o que não era. Enganou-me somente para me conquistar.

— Não estás com razão, ela é bela, marca presença e... é como nós. Jamais poderias ter-se casado com aquela... aquela... Bem, não fujamos do que vim fazer aqui.

— Encontrou Katy, minha mãe? – perguntou-lhe ansioso o filho, chegando o corpo para frente da cadeira em sinal de "todo ouvidos".

— Bem... Katy não foi encontrada, somente seu filho.

— Mas como ele estava sozinho?

A senhora Sophie ficou desconcertada, sem saber o que dizer, mas resolveu falar aquilo que ouviu, apesar de não ter acreditado muito no sobrinho de Andressa.

— Eu escrevi para ti ainda quando estavas em Varsóvia, lembras? Ela fugiu com outro, e não acreditaste em mim. Sentindo-se abandonada por ti, apaixonou-se por um cigano e achou que o filho iria atrapalhar seu romance.

Lucrécio baixou a cabeça e suspirou profundamente. Seus olhos molharam-se, e ele os cobriu com as mãos. A parte final, sua própria mãe argumentou, para não lhe dar motivos de sair atrás de Katy. E ela continuou:

— Talvez tenha se unido àquele cigano para que não acontecesse novamente o abandono que lhe causaste.

— O quê? Eu causei ou foi a senhora mesma, minha mãe, que me colocaste aprisionado naquela Universidade? – ergueu-se novamente, batendo com o punho na sua mesa de gabinete e colocando no chão tudo que estava acima dela.

— Contém-te, meu filho! – protestou ela, indo ao seu encontro e acariciando-lhe as costas, com as mãos sobre o colete que ele usava.

— Então, ela não me esperou... ela não me ama mais – falou Lucrécio ainda em pé e de costas para a mãe.

— Nem poderia, casaste com outra, ora.

— Sim, eu sou o culpado. Iludi-me com Ludmila e quis dar uma alegria para meus pais...

— E fizeste muito bem! – E, depois, colocando doçura na voz, inquiriu-o –: Amavas a ela tanto assim?

— Sim, e jamais deixarei de amá-la!

Assistindo toda a desilusão do filho, Sophie quis lhe dar a alegria que fora levar e comentou agitada:

— Mas teu filho está aqui. Exulta! A criança é um menino, Lucrécio! Um menino que continuará com o nome da família, mas estou preocupada em como Ludmila aceitará isso.

Ele olhou-a firmemente e, chegando-se até a janela para olhar o jardim lá fora, comentou:

— Bem... ele me trará a presença da mãe nos seus gestos, talvez na sua voz de criança... Oh, Katy, por que me abandonaste? – sussurrou, chorando. Depois, erguendo novamente seu tom de voz, comentou com a mãe:

— Deixa Ludmila para mim. O que ela pode exigir de mim se não me ama?

— Meu filho... Estás com os olhos vermelhos... Verás que logo não te lembrarás mais daquela mulher.

Será melhor assim, Lucrécio, terás o teu filho só para ti – aludiu como tocada pelo coração e, depois, erguendo-se agitada, apanhou sua mão e firmou –: Vem conhecer a criança. Ele está na cozinha, acabou de chegar!

O filho de Sophie desceu rapidamente as escadarias e, chegando à cozinha, viu uma criança de uns meses, no colo de Strúbel. Ele aproximou-se lentamente para não acordar o bebê e abriu um sorriso cheio de felicidade, ainda com os olhos vermelhos. Mas não pôde ver os traços do bebê pelo fato de estar sua face toda coberta com os panos que o envolviam. Então, docemente, coração batendo forte, retirou os panos do rostinho do bebê e colocou-o rente ao peito:

– Meu filho, linda criança, serás amparado por mim e levarás meu nome contanto que também tenhas algum nome que lembre tua mãe. Lindolfo Lucrécio. Katy gostaria desse nome, mas será que já tens outro? Como pôde ela te abandonar, menino lindo?

Cumprimentou Andressa, alegre, mas só queria saber da criança.

– Teu pai quer que o chames de Philip, e eu também – comentou Sophie. – Não colocarás nele um nome cigano.

Lucrécio ouviu, mas não lhe deu resposta. Depois, olhando a criança melhor, comentou com a mãe:

— Nota, mamãe, ele não se parece em nada comigo e nem com nenhum de nós. É loiro. Como pode ter nascido loiro? Há algum loiro em nossa família, minha mãe?

Sophie franziu a testa e, determinada, não tendo argumentos, elucidou:

— Só se o filho não é teu. Mas deixemos de bobagens, deve haver algum indivíduo claro em nossa família.

Strúbel, ouvindo aquilo, despediu-se, e apanhou o braço de Andressa, levando-a rapidamente até o coche enquanto mãe e filho discutiam sobre os cabelos, os olhos e tudo mais da criança. Já havia recebido o que queria.

— Qual o motivo dessa pressa toda, meu sobrinho? Nem me deixaste despedir-me da condessa...

— Lembrei-me de outro compromisso que tenho.

Sophie, encantada em poder dar a alegria ao filho de ter a criança de Katy nos braços, ordenou a Laurinda:

— Apanha-o, Laurinda, tu que tiveste um filho que não vingou meses atrás. Será que ainda tens leite?

— Sim, senhora. Meus seios ainda estão cheios.

— Pois teu leite sustentará a fome desse menino que, de hoje em diante, amamentarás – ordenou-lhe Sophie.

— Ele se chamará Philip – disse Lucrécio à mãe, desconfiado de que aquela poderia não ser a criança que gerara.

— Não aceitarei esse tipo de coisa aqui! – protestou Ludmila. – O que pensas que fazes? Como ficarei eu perante meus familiares, convivendo com um filho de uma... de uma...

— Não precisas aceitar, esposa, pois já está marcado o batizado desta criança. Tens que conviver com isso. E para que saibas, Katy não foi uma qualquer, ela foi meu grande amor.

Enfurecida, Ludmila chegou-se perto dele com a mão erguida para lhe bater.

— Então, é assim que reages? Mostras-me mais uma faceta de teu caráter?

Ludmila baixou a mão e saiu correndo para chorar em seu quarto, debruçada em seu leito. Lucrécio penalizou-se dela e foi ao seu encontro:

— Ludmila, minha esposa — confiou-lhe serenamente, sentando-se na cama e acariciando seu ombro —, ela é o meu passado, tu o meu presente, e nada podemos fazer agora. Quanto a nós, deveríamos ter convivido mais intimamente antes de nos casarmos. Vejo, neste momento, o quanto teria sido importante que tivéssemos nos conhecido melhor. Não fomos feitos um para o outro, contudo, minha esposa, uma coisa respeitaremos: precisamos nos harmonizar para não tornarmos nossas vidas um verdadeiro apogeu do inferno, não achas?

Ela ergueu-se, colocando os braços em volta de seu pescoço e dando-lhe um beijo.

— Eu te amo, tu foste feito para mim, sim. No entanto, me maltratas.

— Está bem, não se fala mais nisso. Daqui para a frente, procuraremos nos harmonizar melhor e, quem sabe, também teremos um filhinho?

— Quero muitas crianças, contanto que eu não fique feia demais.

— Ora, beleza é o que não te falta. Vem, vem

conhecer Philip. Teus familiares pensarão que é nosso filho. Vais vê-lo, ele é loirinho.

Apanhou-a pela mão, e foram até o dormitório ao lado, onde a criança dormia próxima a sua ama de leite, sentada na cabeceira da cama em que passaria as noites.

– O que achas, minha esposa?

– Bem... ele não é tão feio.

– Ora, ele é o bebê mais lindo do mundo! – E abraçando-a, completou –: Agora vamos. Hoje, dormirei em teu quarto.

Durante a noite, Lucrécio começou a lembrar-se de Katy e adormeceu sorrindo, mas na madrugada, ergueu-se em sobressalto, porque lembrou do brasão que ela falou que colocaria na criança e foi até o quarto da ama de leite. Bateu na porta:

– Senhor... a essa hora? Ainda não raiou o dia, e a criança dorme tranquila.

– Quero ver as roupas que envolviam a criança.

Sem aguardar que ela abrisse a porta, Lucrécio empurrou-a em busca dos panos que embrulhavam a criança e, sem nada ver, saiu novamente do dormitório, não dizendo nada à senhora, que ainda lhe perguntou:

– O que procura o senhor aí nesses trapos?

– O que encontraste entre os panos da criança?

– Encontrei sujeira. O bebê estava sujinho, pobrezinho.

E Lucrécio percebeu que o brasão não teria ido junto.

"Essa criança não é meu filho – pensou – ou, quem sabe, Strúbel, com aquele tipo de mau-caráter, tenha roubado da criança a corrente com o brasão?" Buscaria por Strúbel. Mas não conseguiria mais conciliar o sono.

Gerard chegava a Trieste com Sonja e pediu para sua irmã Leontina, que sempre fora caridosa, viúva, com duas filhas já crescidas, acomodar a jovem em um quarto. Ele abraçaria todas as despesas que se fizessem necessárias. Leontina, irmã bem mais velha que ele, abriu os braços para a jovem e alojou-a com satisfação, mas, enquanto a estranha retirava algumas roupas da maleta que levava, Leontina foi até Gerard, que aguardava na entrada:

– Quem é essa bela jovem e... tão jovem, meu irmão? Não me digas que te perdeste naqueles alvos braços.

— Lógico que não. Deves pensar que, caridosa como és, somente tu podes usar de benevolência? Essa moça foi abandonada por um amigo meu. Há de se ter humanidade!

— Hum, já sei. E não queres deixá-la na rua, não é?

— Sim, mas te peço que cuides dela, pois ela espera uma criança, Leontina.

— Com essa idade? Pobre jovem. E o pai és tu?

— Que bobagem dizes, eu mal a conheço. Bem, quero deixar-te alguns valores para as despesas que virão.

— Se não és o pai, quem foi que fez essa criança?

— Prefiro parar a conversa por aqui, minha querida irmã. Só quero que confies em mim. Essa criança não é minha. Essa menina não tinha para onde ir e sem dinheiro iria suicidar-se.

— Que pecado mortal, Senhor! E fazes bem em me ajudar, pois o meu orçamento é apertado.

— Leontina, chama-a agora, porque desejo despedir-me dela.

Leontina voltou-se para apanhar a jovem e, no caminho, virou-se e olhou para Gerard, piscando-lhe e dizendo:

— Vou fazer que acredito em tuas conversas sacrílegas, o filho é teu, sim.

Gerard suspirou e sacudiu negativamente a cabeça.

Sonja chegou para Gerard e, com lágrimas nos olhos, disse a ele:

— Só quando cheguei aqui, vi que a verdade estava em tuas palavras.

— Não costumo omitir a verdade para tirar vantagens. Um homem só é honrado quando respeita seu próximo, seja ele quem for.

— Senhor Gerard, aliás, doutor Gerard, eu serei grata, muito grata, pelo bem que me fazes.

— Não te esqueças do que falei dias atrás. Não me agradeças, porque estou fazendo um bem a mim mesmo. Agora, com licença. Vou procurar um amigo que chegou de lua de mel.

Sonja sorriu e, derramando lágrimas de agradecimento, beijou as mãos de Leontina, oferecendo-se para o trabalho diário da casa.

— Não vieste para trabalhar, temos quem faça isso — disse-lhe Leontina, com simpatia.

— Não poderei ficar aqui se me sentir uma inútil.

— Cuida de ti mesma. É um pedido de meu irmão.

— Perdoa-me, mas não poderei ficar como se fosse inválida. Sei cozinhar e fazer bons quitutes.

— Ótimo! Disso precisamos, e assim será.

— E tuas filhas?

— Estudam na cidade onde moram nossos pais. Mas vêm sempre me visitar.

Gerard chegou com sua charrete ao palácio do conde Lucrécio e aguardou até ser atendido pelo amigo, logo que o mordomo foi avisá-lo.

Lucrécio entrou na peça em que ele o aguardava e, de braços abertos, sorrindo, foi recepcioná-lo, convidando-o para o gabinete.

Gerard adentrou o espaço, admirando-o como sempre: a grande lareira acesa, frente a ela as poltronas em gobelino, as bebidas expostas em uma mesa, belos e grandes quadros, esculturas e porcelanas, ricos tapetes... Visualizou os grandes armários, sustentando pesadas obras ilustradas e volumes literários raros. Apesar de grande, o ambiente era muito aconchegante.

Lucrécio apanhou dois copos sobre a mesa, perguntando a Gerard:

— O de sempre?

— Sim, desta vez, desejo um xerez bem forte.

— Brindemos e... sentemo-nos. Meu amigo, como é bom te ver! – falou-lhe Lucrécio, com a face risonha e feliz.

— E como foi a tua lua de mel? Estás feliz? – indagou Gerard.

— Não seria bom conversarmos aqui sobre isso, mas me agradaria muito encontrar a ti e ao Adolfo no bar noturno de sempre. Eu ainda não vi Adolfo desde que cheguei.

— Meses sem nos vermos, hein? Mas Lucrécio, também eu tenho muito a te dizer. Assunto importante e sério.

— Então, não esperes. Abre teu coração. Já sei: tu te apaixonaste!

— Desta vez, não conseguirás adivinhar o que aconteceu.

— Bem, eu não sou adivinho mesmo. Mas estou te ouvindo, interessado.

Gerard colocou-lhe o que soubera sobre Miranda e relatou-lhe tudo o que acontecera na Itália.

— Tiveste a coragem, meu amigo?

— Sim, fui lá para isso. Tudo estava indo bem, como previ que fosse, mas no momento em que ele me falou em assassinato...

— Assassinato?

— Sim, Lucrécio. Naquela noite, orei pedindo a Deus que me fosse revelada a verdade.

— E...?

— Percebi que falou nisso para me assustar e não comentar sobre o assunto. Ele é um homem promíscuo e sem caráter. O pior é que tem lábia e envolve as jovens. Fez igualmente com uma senhorita o que fez a Antonia.

— Igualmente, como? Ele deveria ser aprisionado, esse infame!

— Digo, igualmente, porque engravidou uma bela jovem. Eu estava junto quando ela saiu aos prantos, depois de discutirem.

— Mas como sabes que fora esse o assunto que falavam?

— Ora, ele me contou, meu amigo. Eu pedi o endereço da jovem e fui atrás dela, com um bilhete dele, terminando seu relacionamento com ela.

Lucrécio ergueu-se com o copo na mão e, lembrando sua irmã, atirou-o contra as pedras da lareira.

— Miserável!

— Perdoa-me se te faço lembrar o que não consegui esquecer. Mas, desta vez, para me beneficiar, trouxe Sonja para cá, e minha irmã está cuidando dela.

— O quê? Acho que não entendi. Explica-te, por favor. Trouxeste a moça contigo? Deves estar delirando.

— Não estou louco. Encontrei nesse fato uma maneira de me penitenciar por não ter ido atrás de Antonia naquela noite e evitado seu...

— Assassinato?

— Não. Seu suicídio. Culpei-me por isso, meu amigo.

— Não, não te culpes — pediu-lhe Lucrécio, levantando-se novamente da cadeira e caminhando pela peça, um pouco angustiado. — Sabes? Tenho sempre a impressão de que cada vez que tocamos no nome de Antonia, ela está nos ouvindo.

— É – continuou Gerard, suspirando profundamente –, por incrível que pareça eu sinto o mesmo. Ela está por aqui agora, sinto uma coisa ruim, desespero, e até o seu perfume.

— Ora, Gerard, nós precisamos parar de achar que estamos percebendo fantasmas. Não gosto dessa conversa. Continua a contar-me sobre Sonja e, já que dizes ser esse o motivo de a teres trazido para Trieste, quero que saibas que ela será muito bem recebida nesta casa contigo.

— Obrigado, meu amigo. E vim também te pedir que arrumes uma parteira para a menina.

— Menina?

— Sim, ela é muito jovem. Deve ter dezesseis ou dezessete anos. Continuando, eu vi na face de Sonja o desespero de que foi tomada quando Martinho a abandonou e falou que jamais se casaria com ela, e que já dera seu coração a outra mulher.

Lucrécio sentou-se novamente, cabeça baixa, colocando as mãos sobre os cabelos.

— Sinto-me tão mal também quando tocas no nome desse crápula... E igualmente culpado, meu amigo, fui eu, porque o trouxe para dentro desta casa. Fico pensando qual o caminho a tomar. Como obtermos provas contra esse sujeito infeliz?

— Penso que devemos dar tempo ao tempo. A lei divina acompanha todos os nossos passos, e ele não ficará impune — e erguendo-se, fez menção de sair. — Bem, amigo, tenho que ir.

— Não ainda, por favor. Senta-te mais um pouco. Fala-me mais sobre Sonja. Sabes, estou casado, mas vivo em eterna solidão. Ludmila já formou amizades femininas e vive saindo com elas. Por esse motivo é que tua nobre presença me faz muito bem, assim como a de Adolfo. E Sonja, como ela é fisicamente?

— É loira, delicada, com uma voz suave... ela não merecia o que lhe aconteceu!

— Tenho a impressão de que já estás envolvido emocionalmente com essa moça. E tenho a certeza de que serás feliz com ela. Traze-a aqui, amanhã à noitinha, quando eu voltar do hospital. Enquanto eu...

— É em Katy que pensas, não é?

— Sim, mas não quero entrar em detalhes agora. À noite nos veremos.

— Até lá, então.

Gerard apanhou seu coche para voltar à cidade, e Lucrécio suspirou profundamente, dizendo a si mesmo: "Katy, o que foi acontecer conosco? O que fizemos um para o outro? Será que fugiste com outro homem mesmo? Tiveste essa coragem, meu amor? Depois, olhando para o infinito, rematou: "Eu fui o culpado, somente eu. Não posso culpar Martinho, eu também fiz o mesmo contigo. Onde estarás? Se te mataste, morrerei contigo, meu amor".

E, voltando o pensamento à criança, chamou o cocheiro, ordenando-lhe:

– Prepara a carruagem. Vou ter com Strúbel.

Enquanto o nobre permanecia no aconchego de seu lar, nos braços de outra mulher que não os seus, Katy chorava o destino que a vida lhe traçara. Só e tendo que atravessar quilômetros de trem com pouquíssimo dinheiro, essa mulher orava.

"Senhor, nada mais possuo. Meu amor me abandonou, casando-se com outra, meu filho foi arrancado de meus braços, e minha vida agora nada mais representa para mim, pois meus sonhos foram firmemente anulados. Encontrar meu grupo de ciganos é difícil, mas te peço que me ajudes. Meu pai alertou-me, no entanto, o coração tem suas razões. Eu estava desesperada de amor... Agora, lá fora é noite, e eu estou neste trem sem comer por tantas horas. Mas meu afeto a Lindolfo Lucrécio, o nome que darei ao meu filho quando o encontrar, encherá minha vida de encantos e alegria".

Ah... Lucrécio, vi que não mentias quando dizias que me amavas... tão cedo terminou em teu coração o que sentias por mim? No entanto, atiraste-me para o mundo sem sequer me procurar. Não sei se poderei te perdoar... Mas se, com o passar dos dias, não puder encontrar o meu filho, melhor será morrer. Suicídio é a única porta para os desesperados. Procurarei por papai e voltarei com ele a Trieste para que me defenda e me auxilie a procurar pelo homem que me colocou no sanatório e obrigá-lo a me devolver meu filho. Se Lucrécio não estivesse casado, mesmo não mais me amando, auxiliar-me-ia, com certeza. Mas não pude contar com ele. Estava lá com a outra. Aquela que é de sua estirpe e que roubou o seu coração.

E o trem apitou, chegando ao lugar gelado de Varsóvia.

Katy desceu do trem e, enrolando-se mais em seu manto, procurou chegar até uma hospedaria.

Nevava. Levando pequeno fardo de roupas nas mãos, ela chorava. Conhecia bem o local, saíra de lá e vivera uns tempos com os ciganos do lugar. Iria procurá-los. No entanto, sabia que nesse frio, eles não estariam em tendas nas ruas e talvez tivessem viajado para locais mais quentes. Conseguiu um quarto muito simples em uma estalagem, próxima á estação, e, sob o olhar desconfiado daquele que a hospedara, deitou-se com a roupa do corpo, tentando aquecer-se. Na manhã seguinte, procurou a Prefeitura para saber dos Vernek, nome que lembrara do bilhete deixado a ela pela Irmã Maria, e sua moradia, quem sabe eles a receberiam. Mas eles ainda não haviam voltado a Varsóvia. Então, orou mais uma vez por seu filho e seu destino.

7

Lucrécio PROCURA *Strúbel*

"Senhor, ensina-nos a orar..."
Lucas, 11:11

Chegando Lucrécio à casa de Andressa, esta alegrou-se com sua visita, mas disse-lhe que Strúbel estava viajando.

— E teu bebê, como está? Achei interessante ele ser tão loirinho...

— A senhora viu o bebê assim que ele chegou?

— Sim.

– E onde está a correntinha que ele trazia?

– Correntinha? – inquiriu-o Andressa, com entonação grave na voz.

– Sim, a corrente que trazia junto ao corpo, com o brasão da minha família.

Andressa revirou os olhos e franziu a testa, pensando se Strúbel teria roubado a corrente, mas, para defendê-lo, comentou:

– Se o bebê tivesse uma corrente, Strúbel a teria levado, senhor Lucrécio Philip.

– Por favor, assim que ele chegar, que me devolva a corrente, ou eu devolverei a ele a criança.

– Mas o que dizes, senhor? Devolver teu filho?

– Meu filho trazia uma corrente de ouro no pescoço, com meu brasão, também de ouro. Ele não chegou com a corrente. Então, a senhora me perdoe, mas aquela criança não é o meu filho! Dize a Strúbel para me procurar. Boa tarde, senhora.

Andressa ficou nervosa e agitada. Como Strúbel poderia ter feito isso? Então, começou a orar para que seu sobrinho não tivesse roubado o tal brasão. Não o queria preso, mas quem seria aquela criança, então?

À noite, os amigos se encontraram e, no bar

noturno, Lucrécio pôde colocar para fora todo o amor sufocado, em seu peito, por Katherine, que em sua casa não poderia fazer. Bebeu tanto que teve de ser levado para o castelo pelos dois amigos, mais tarde.

– O que houve com o Dr. Lucrécio? – perguntou-lhes o mordomo ao abrir a porta.

– Só bebeu um pouco demais – respondeu-lhe Gerard. – Vamos levá-lo até seu dormitório.

Gerard, com o passar do tempo, conforme concluíra Lucrécio, em convívio com Sonja, acabara conseguindo uma maneira de a ela ser útil a fim de não cair em depressão, acabou se apaixonando por suas maneiras, pela delicadeza de seus gestos, pelo seu sorriso e pelo carinho que demonstrava à sua irmã e sobrinhas. Então, depois de nascer a criança, foi ter com Lucrécio:

– Meu amigo, estava ansioso para te falar.

– Senta-te. Alguma bebida forte? – ofereceu Lucrécio ao amigo, já se dirigindo para a mesa onde as bebidas estavam colocadas.

– Agradeço, mas não estou bebendo. E sabes por quê? Para acompanhar Sonja.

— Estás apaixonado. O que posso te oferecer então? Vinho?

— Por que precisamos beber?

— Para brindarmos, pois sei que vais te casar com aquela "menina".

— Adivinhaste, mas ela não tem os dezesseis que imaginei, tem dezoito anos, agora um pouco mais, é claro, contudo, para brindarmos, aceitarei.

— Que sejas imensamente feliz com a mulher que amas, Gerard, coisa que não pude ser – brindou em pé ao amigo, com a taça erguida e olhos lacrimosos.

— E o que tem acontecido?

— Sinto, como se alguém me dissesse, que essa criança que me trouxeram não é o meu filho. Mas eu o amo, é lógico. Sabes, Katy me disse que colocaria a correntinha, que dei a ela, no menino, com nosso brasão.

E Lucrécio abriu o convite para ver a data do casamento de Gerard.

— Daqui a trinta dias. E onde deixarás a criança? Ou a levarás contigo na lua de mel? – perguntou o amigo.

— Ficará com Leontina, minha irmã... Quando

Sonja ganhou a criança, que a parteira ajudou a nascer, olhamo-nos e sorrimos um ao outro, e nesse sorriso vi o amor que sentíamos, meu amigo. Abracei-me a ela e a beijei, dizendo-lhe: "Teu filho terá um pai se me aceitares". Incrível como me senti aliviado. Amei tanto tua irmã e, desejando fazer o que não pude fazer por ela, recebi esse imenso presente. Amo novamente!

Lucrécio levantou-se e foi até o amigo cumprimentá-lo:

— Fazendo um benefício a outro, sem desejarmos nada em troca, sempre recebemos de volta. Quando se faz o bem sem pensar em recompensa, nossa felicidade cresce. Auxiliaste essa moça e agora estás colhendo os frutos de teu carinho e cuidado. Não sabes como me sinto feliz com isso, meu amigo!

— Sabes? Em todo o tempo em que esteve com minha irmã, Sonja foi-lhe útil, inclusive, quis pagar suas próprias despesas. Quis ir embora, no princípio, mas eu pedi que ela ficasse, visto não ter mais parentes próximos, porque sua tia acabara de falecer. Temi, na realidade, a aproximação de Martinho, porque, penso eu, ele deve continuar a fazer das suas com as moças.

— Ele colherá o que fez como eu estou colhendo.

Isso é um fato real. Pessoas, às vezes, queixam-se da vida, mas estão recebendo, exatamente, o que fazem aos outros. Tu amas e recebes amor. Martinho acabará só e, quando se der conta, já estará com idade avançada. Talvez nem possa ter filhos. Aguardemos o tempo passar, Gerard, e irás dizer-me se eu estava, ou não, com a razão.

– Pois vim hoje te trazer o nosso convite de casamento. Sonja, como sabes, não pôde vir.

– Então, Dr. Gerard Deport, reconquistaste a real felicidade?

– Estou delirando de felicidade, meu amigo. Este convite estende-se a todos desta residência.

– Agradecemos. Minha mãe estranhará esse rápido consórcio. Ludmila não deixará por menos. Sempre te viu só...

– Tua mãe e Ludmila nada sabem, não é? E será melhor que não saibam para que aceitem Sonja como minha noiva.

Na residência de Gabriel Leonard Dupré, grande tensão se formava. Divina havia ouvido uma conversa entre os servos, que o recém-casado Lucrécio

Philip tivera um filho com outra mulher. Angustiada, ela correu para falar ao esposo:

– Gabriel Leonard, meu amor, eu estou preocupadíssima!

– Mas que angústia é essa, o que houve? – perguntou-lhe o esposo

– Olha só, Anastácia conversava hoje com Severina e dizia a ela que encontrou na feira a serva de Sophie.

– E que é que tem isso?

– Bem, a serva começou a contar o que acontecia naquele palácio e sabes... – falou, engolindo a seco.

– Estás me deixando também angustiado. É sobre a criança?

– Sim, sim, é sobre nosso... bem... a criança que apanhamos da louca.

– Mas o que aconteceu? O que a serva de Sophie falou?

– Eu não tive péssimas intuições? E sempre dizias que eu...

– Fala, mulher!

– Disse que Lucrécio Philip, que casou-se há

pouco e recém voltou da lua de mel, teve um filho com uma cigana e está desesperado atrás da criança. Levaram uma criança loirinha para ele, porque a cigana sumiu completamente de Trieste, e ele disse que aquela criança não pode ser dele, porque levaria consigo o brasão da sua família numa corrente de ouro.

– Danado, mas que rapaz danado! Como iríamos imaginar que ele era o pai se ficou um ano longe de Trieste? Pensei que o filho era de seu pai. Ora! O que fazer agora? Ele fez um filho na louca e deu-lhe o brasão da própria família.

– Bem... ele deve ter feito isso porque a amava.

Olhando-a fixamente, Gabriel Leonard alterou sua voz, dizendo:

– Divina, ele também deve estar atrás da cigana! Meu Deus! Vou tirá-la do manicômio ainda hoje.

– Não! Se ele a encontrar, ela vai lhe contar tudo.

– Não creio, ela é louca, o que ele desejará agora com ela, se está casado e muito bem casado com aquela belíssima mulher? Além do mais, não vai acreditar no que ela lhe disser. Vai somente querer seu filho.

— O que faremos, Leonard?

— Vamos nos preparar para viajarmos à Rússia.

— Mas com todo o frio que deve estar por lá? O bebê está doentinho, pode morrer na viagem.

— Bem... isso é verdade, mas resolverei o que faremos. Ele não poderá nos tirar a criança que tanto amamos, logo agora que nos apegamos a ela.

— Divina... — falou cochichando —, será que Severina viu a correntinha com o brasão nas roupas da criança, naquela noite que a chamamos para alimentar o pequeno Leonard?

— Só de ouvir o nome dele... — Divina entrou em pranto doloroso.

— Não chores, minha Divina... Nós amamos tanto essa criança, e foi Deus quem a mandou para nós naquela noite... Portanto, aquietemo-nos, querida...

— Não digas uma heresia destas! Não foi Deus, não. Tu roubaste a criança daquela mulher!

— Pois ela não é uma louca?

— Quem afirmou isso? Foi o médico ou foste tu, dizendo a ele que ela não estava com o bebê? Olha só o que estás me fazendo chorar agora! Tu o roubaste!

Deus não tira de uma mãe seu próprio filho, a não ser pela morte!

— Aquieta-te! Severina dorme no quarto ao lado, com Leonard!

Agora, falando mais baixo, Divina afirmou:

— Se tiver que ficar sem o menino... – e, gritando, explodiu – Eu te odiarei por toda a vida!

— Psiu! Gritas novamente. Cala-te ou sairei pela noite. Desejas isso?

Divina deitou-se, dando-lhe as costas, e nada mais falou, mas durante muito tempo o esposo ouviu seus soluços.

— No dormitório ao lado, Severina, cabeça erguida no leito para não perder nenhuma palavra, começou a imaginar como poderia lucrar com aquele segredo.

No palácio do conde Buonafonte, a vida ia sempre a mesma a não ser pela união desastrosa de Ludmila e Lucrécio Philip, que agora abandonava o leito da esposa para orgias com amigos, escondendo o fato até de seus pais, como a maioria dos homens daquela época. Perante a sociedade, ele era um homem correto com a família e, principalmente, à esposa.

Contudo, quanto à criança, aguardava a chegada de Strúbel, que se demorava no exterior.

Lucrécio olhava a criança e estranhava, dia a dia, sua face e a personalidade que não se encaixava com a da família, mas começou a se apegar ao bebê. Volta e meia ia até Andressa e, num belo dia, lastimou-se:

— Andressa, tu sempre foste uma pessoa formidável, inclusive quanto aos cuidados a Katy. O que está acontecendo com Strúbel?

— Patrão, ele deve ter-se mudado para outro país. Não manda notícias, eu estou até preocupada.

— Ou ele pode estar fugindo. Deve ter roubado aquela criança de outra mãe...

— Não digas uma coisa destas, patrãozinho, por favor! Meu sobrinho não faria isso.

Lucrécio, de pé até aquele momento, sentou-se no banquinho em frente à velha Andressa, que quase não mais caminhava, e começou a se lastimar:

— Eu tanto amei Katy... e por fazer a vontade de meus pais, agora sou infeliz!

— Mas eu achei tua esposa amável e tão delicada...

— Mas não a conheceste realmente. Sou muito infeliz, Andressa... Procurei Katy por toda a parte, sem a encontrar. Ela, disse-me minha mãe, fugiu com um cigano.

— Quem falou isso a tua mãe?

— Não sei.

— Patrãozinho... tua mãe está equivocada — ajuizou Andressa, complacente.

— Equivocada? Por quê? Sabes alguma coisa sobre Katy?

— Pobre menina! — Andressa baixou a cabeça, sacudindo-a negativamente.

— Por quê? Se sabes alguma coisa, conta-me, por favor! — insistiu Lucrécio, achegando-se com o banquinho bem próximo a ela.

— É uma história triste, meu filho, muito triste... Foi o que ela me contou quando, dias atrás, veio pedir-me dinheiro para viajar a Varsóvia atrás de seu pai...

— Varsóvia? E então? Ela estava com a criança?

Andressa lembrou-se de que seu sobrinho estava envolvido com respeito à criança, que dissera ser de Lucrécio, e fez uma pausa.

— Vamos, Andressa, conta-me!

Ela olhou-o com olhos pensativos e continuou, fazendo-se de esquecida:

— Não me lembro mais o que foi. Mas por que foi mesmo que Katy estava tão triste?

— Ora, Andressa, por favor, força tua mente, vamos! Estou agora angustiado. Quero minha Katy de volta!

— Quem sabe eu me recordo amanhã, ou depois. Dizem que a memória um dia falha, mas logo nos volta, não é assim?

— Não, Andressa, para mim, estás acobertando teu sobrinho. Mas eu buscarei Katy em Varsóvia, vais ver. Agora sei que ela não fugiu com outro homem.

— Não, isso ela não faria. Foi, sim, procurar por seu pai. Só que eu não me lembro por que ela me disse que sofreu tanto. Seria por perder a criança o motivo de sua tristeza? Mas nada lembro a esse respeito.

— Ela não perdeu a criança. Irmã Clarissa a viu com o menino nos braços.

— Não a perdeu? Então, Strúbel levou a criança certa.

— Volto daqui a alguns dias – falou Lucrécio, erguendo-se e apanhando a cartola para sair de lá.

Mas os dias passaram... e mais alguns anos.

Lucrécio, por um tempo, teve que se esquecer de Katy. Seu pai desencarnara, e a administração dos bens de família se fez urgente. Parentes, não tão próximos, chegavam para conseguir dotes não corretos, e Lucrécio, através de advogados, teve de recorrer à verdade. Sophie, com receio de perder o que tinha, precisou ser internada em uma clínica aos cuidados de médicos hábeis, e quando tudo se acalmou, o novo senhor da casa preparou-se para a viagem que faria. Ao se despedir da criança que crescia diante de seus olhos, certificou-se de como ele era diferente de todos ali. Ele não gostava de cavalos, temia até os gatos da casa e esquivava-se das pessoas. Sua face era de brancura extrema, seus cabelos de um loiro muito claro. Não era seu filho. Ludmila jamais dava atenção ao pobre menino que, amando muito Lucrécio, apegara-se também à avó Sophie e à ama de leite Mary, trocada pela outra, a senhora Laurinda. Antes de partir em busca de Katy, o filho de Sophie, amadurecido pelos tormentos sofridos, caminhou pelos arvoredos, relembrando a única mulher que havia amado. Então, avisou a família que se distanciaria por uns tempos.

Apesar dos olhos interrogativos de Ludmila, ele beijou seus cabelos e confirmou a ela:

— Eu preciso ir, esposa, isso é importante, antes

que eu enlouqueça. Preciso procurar por meu filho. Quero que entendas.

— Não entendo, não entendo isso! — gritou ela. — E quero que lembres que essa esposa, que aqui está, seguir-te-á até a morte de um de nós. Foi o que prometemos a nós mesmos!

— Por que dizes isso?

— Sei que queres voltar para a cigana.

— Minha querida, nós firmamos essa amizade que nada pede, mas que, para consolo de nosso filho, tão importante é. Procuramos não guardar segredos entre nós, somente não direi desta vez o que irei fazer se encontrá-la, mas preciso ir. Viajarei para longe e não tenho dia certo para voltar. Na volta, descreverei todos os acontecimentos para ti, confia.

— Está certo. Aprendemos a nos respeitar, sim, mutuamente. Isso, disseste antes, que estarias fazendo pela criança.

— Obrigado.

Lucrécio partiu. Precisava saber a verdade sobre seu filho, mas, na realidade, o coração dela o chamava.

Em Trieste, Gabriel Leonard Dupré percorreu as

estradas até chegar ao sanatório. Queria saber se seu segredo estaria bem guardado. Procurou o diretor do local e, sentando-se frente a ele, indagou-lhe:

– O senhor lembra-se de mim? Sou Gabriel Leonard... – e foi diretamente ao assunto – eu deixei, há alguns meses, uma jovem louca que encontrei na rua, e ela falava sobre um filho.

– Ora, muitas falam isso quando aqui chegam. Qual o nome da jovem?

– Mas não te lembras? – perguntou-lhe Leonard, porque havia esquecido o nome de Katy.

– Perdoa-me, cavalheiro, eu não posso me lembrar de todos os pacientes, mas espera... lembro-me agora, ela implorava pela criança, à noite, não foi?

– Isso mesmo. Dizia que tinha um filho, e que eu o tirei dela.

– Ah, sim, Katherine. Ela ficou melhor. Nunca mais falou em criança nenhuma, mas certo dia escapuliu.

– O que queres dizer com isso?

– Ela fugiu. Mas não fomos atrás dela, afinal, estava realmente curada e viver aqui não é muito fácil – respondeu-lhe o médico, sorrindo.

"Realmente, ela ficou bem e fingiu sobre seu filho para se safar desse palerma" – concluiu Leonard Dupré.

– Foi bom que ela saiu daqui, pobrezinha. Obrigado, doutor.

Leonard deixou o sanatório. Sentia uma pressão no peito e imaginava por qual motivo aquela dor o massacrava. Era angústia, verdadeira angústia. O perigo o rondava. E pensava: "Afinal, a jovem, certamente, procurará por Lucrécio, se já não foi, e ele poderá me colocar na cadeia. Mas e se ela me procurar antes? E se eu a matar? Não, descobririam. Se ela chegar à minha residência, eu chamarei um de meus servos e inventarei qualquer história sobre ela, que é perigosa e que não a deixe entrar. Assim, poderei ficar com a criança. Sim, será isso que eu farei".

Desesperado, Leonard Dupré necessitava, no momento, criar mentalmente uma obra perfeita, antes de qualquer atitude. Mas antes inquiriria Severina. E assim que chegou ao lar, perguntou à esposa.

– Onde está Severina?

– Foi à feira, esposo, como é habitual. Mas estás com a aparência de quem voltou de uma guerra. Conseguiste saber sobre a mulher?

– Ora, como permitiste que Severina saísse? Não sabes que, se ela tudo ouviu, poderá contar para outras pessoas?

– Ela nada ouviu, acalma-te, no entanto, eu decidi que é melhor devolvermos essa criança antes que tudo fique muito pior. Mas... nós estamos há três anos com ele... Como nos desfazermos... Oh, Deus!

– E o que diremos ao conde? Tens cada uma, mulher!

– Procuraremos por Lucrécio Philip e diremos a verdade, que a cigana estava como doida e a levamos ao sanatório para ser medicamentada enquanto cuidaríamos de seu filho.

– Jamais! Ele já está registrado e agora é nosso próprio filho!

Com os olhos marcados de tanto chorar, Divina continuou, agora mais tranquila:

– Mas, pela lei, nossas servas terão que admitir aos advogados a verdade, meu esposo, somente a verdade, já que essa criança não nasceu de mim.

– Então, direi a eles que é um filho meu com outra mulher, um bastardo. É isso o que queres que eu diga?

– Oh, não! – e saiu chorando até o dormitório, onde trancou a porta para ficar solitária e derramar todas as lágrimas possíveis.

O esposo foi atrás, penalizado, mas ela lhe pediu:

– Leonard, façamos o que nos libertará de danos piores e apanhemos outro bebê para adotarmos!

Severina, cada vez que ia à feira, procurava se encontrar com Dolores, a serva de Sophie, e naquele dia quis saber sobre todos os acontecimentos daquela família e quais eram as últimas novidades. E, desejando levar adiante a oportunidade de ganhar um bom valor, inquiriu a ela:

– Eu soube que o senhor Lucrécio, o novo conde, está como possuidor de todos os bens da família. Ele se dá bem com a esposa? O que tem acontecido naquela casa depois disso? Alguma novidade?

– Ora, amiga, sabes como são esses nobres ricos, não? Eles parecem-me tão frios em relação à esposa... Jamais vi o novo conde abraçar a senhora Ludmila, que é linda, elegante, apesar de arrogante e orgulhosa. Eles estavam no jardim hoje, e eu o ouvi falar que ia viajar. Então, ela reclamou, dizendo que ele iria procurar outra mulher. Sim, ele deve ter uma amante, aquela tal cigana que teve o bebê dele. Ele está sempre olhando para a criança loira que tem e dizendo que, loirinho como é, não tem nada daquela família; que mais parece ser filho de sua esposa, mas jamais dele. A condessa mãe chegou há pouco da clínica em que estava, e Lucrécio só esperou ela chegar para correr atrás da cigana.

– Achas, Dolores, que ele ficaria feliz em encontrar o próprio filho, com aquela mulher que ainda ama?

– Severina, eu o vi, há anos, nos jardins do palácio com a cigana, e digo-te, jamais vi um olhar de amor como aquele dele para ela. Mesmo Rogério, meu esposo, jamais me olhou daquela forma.

– Se eu pudesse, iria atrás daquela criança e daria essa felicidade a seus verdadeiros pais – falou, dissimulando, Severina.

– Olha, se alguém fizesse isso, ele recompensaria com quase tudo o que tem. Ele é infeliz, minha amiga Severina. Pobre rapaz, eu tenho essa certeza... E é tão correto e bonito...

– Isso foi coisa de seus pais, que não quiseram que ele se casasse com a bela jovem. Às vezes, fico com raiva até de meus patrões, que não são maus para mim, mas vivem cochichando para que eu, que cuido da criança, não ouça. Como são orgulhosos esses nobres, não é, Dolores? Parece que nascemos abaixo deles, mas não somos todos em igualdade perante Deus?

– Disso não duvido. Eles são congruentes aos meus patrões. Bem... Vou-me antes que a condessa Sophie me escalpele. Até a próxima vez.

Na casa de Andressa, entra Lucrécio novamente.

– Andressa, eu estou indo a Varsóvia, atrás de Katy. Se não fizer isso, enlouqueço. E, quando eu voltar com ela, quero que Strúbel esteja aqui.

Andressa levou um choque:

– Mas... Por quê?

– Ora, porque quero a prova de que aquela criança é minha mesmo.

– Mas não tens ainda a certeza disso, filho?

– Não, enquanto não apanhar em minhas mãos aquela corrente.

– Ah... O brasão.

— E olha aqui, Andressa. Sei de tua fidelidade para conosco, mas sei também do teu amor pelo teu sobrinho. Dize a ele que, se omitir sobre a verdade, perderá seus dias na cadeia.

— Oh, não! – disse ela, que agora se prendia a uma cadeira de rodas. Não faças uma coisa destas... Por favor!

— Então, peça para ele me levar a correntinha com o brasão. Viajo em busca de Katy e, se ela estiver com a criança, ai dele.

O trem chegou a Varsóvia e com ele o amor de Katy.

Ali em Varsóvia, Katy havia encontrado o seu bando, no entanto, seu pai estava doente, e ela ficou tomando conta dele até a sua desencarnação. Alguns anos haviam passado. Agora, completamente só, e também adoentada, comentou com os amigos ciganos que permaneceria somente por mais alguns dias, até recuperar a sua saúde debilitada pela ausência de seu filho e o abandono de Lucrécio. Com uma tristeza incurável, com a amargura imensa e grande depressão, pensou em suicídio. Queria seu filho, precisava de seu filho, mas via-se em situação inferior, para retirá-lo de nobres senhores. Como se defender e adquirir seu filho novamente? Um filho sem documentos, que nem nome lhe dera. Não tinha valores para voltar a Trieste e recuperar o que era seu. Tudo estava perdido... Lucrécio a abandonara à própria sorte e a esquecera nos braços da bela esposa. Ao pensar nisso, derramava muitas lágrimas e continuava sendo envolvida por vibração de nível inferior, da qual não tinha forças para se libertar. Espíritos inferiores falavam ao seu ouvido, insinuavam a sua libertação, lamentavam a vida feliz que ela teve e que jamais voltaria a ter. "Mata-te, mata-te" – ouvia –, "liberta-te desse obstáculo, liberta-te, e venha conosco" – continuava a ouvir. As sombras incoerentes vigiavam-na dia e noite. Nenhum pensamento otimista lhe vinha à mente, como: "Se eu me recuperar, vou procurar por Lucrécio, e ele apanhará nosso filho". Somente as sombras ali faziam morada. Se ela soubesse que, enquanto há vida, enquanto se está encarnado, há, sim, uma esperança... Mas sentia que todos a haviam abandonado: Irmã Maria, seu pai e o único homem a quem amara.

Deitada, no mínimo espaço da grande tenda, isolou-se sem desejar mais sair, enquanto, enlouquecida, desviava, demente, os pensamentos de luz que os divinos amigos lhe enviavam, ouvindo dos infelizes as diversas formas de como poderia aliviar-se se retirasse sua vida. Foi, no dia fatídico, que Lucrécio Philip encontrou a tenda dos ciganos, que já se armavam para deixar o lugar.

– Procuro por Katherine Slowskaya. Sou Lucrécio Philip.

– Ela está tão abatida... Não quer comer nada, perdeu o pai a pobre, mas lhe fará bem uma nobre visita. Quem sabe a conquistas... Sois, ou não, um homem rico?

Lucrécio nada respondeu, só perguntou onde ela estava. Mas ao erguer a cortina da peça em que a colocaram, viu-a desfalecida e, quando a virou para ver sua face, percebeu que muito sangue escorria de seus braços.

Apanhou um lençol e o fez em tiras.

– Meu amor, minha Katy adorada, por que fizeste isso?

Apanhou uma das tiras e amarrou em seus pulsos para estancar o sangue.

Muito fraca, ela falou:

– És tu, Lucrécio Philip? Oh, Deus ouviu

minhas preces! Eu desejava ver-te antes de partir, mas achei que jamais virias...

– Deveria não ter te deixado, meu amor, e prometo que, de agora em diante, cuidarei de ti como se cuida de uma delicada flor. Vamos para casa. Ficarei contigo. Temos um filho, não temos?

– Sim, temos um lindo menino que me roubaram das mãos... Mas eu... não tenho mais forças... Agora é tarde... Eu vou... partir... Oh, Lucrécio, perdoa-me, pois faço, exatamente, como a tua irmã...

– Não vais partir, meu amor, ficarás boa. Lembra-te de que estás nas mãos de um médico.

– Um... médico... o meu amor.

– Não, querida, não vás.

– Eles me prometem a liberdade.

– Quem te disse isso?

– As vozes...

– Não! A liberdade terás em meus braços!

– És... um homem... casado – suspirou fundo. – Adeus, Lucrécio... nobre Lucrécio que jamais pôde pertencer... a... uma... cigana... Mas... por favor, procure... nosso filho... ele leva a corrente com teu brasão, tem os teus olhos e os meus cabelos e foi-me roubado por alguém nobre, com uma carruagem... que saía de teu palácio... e... colocou-me em um... sanatório. Eu iria lhe dar o nome de Lindolfo Lucrécio, em homenagem a ti e ao meu amado pai...

— Pobre amor, o que fiz eu contigo? Sim, eu te prometo. Encontrarei o nosso filho!

E Katherine, após mais algumas poucas palavras elucidativas, calou-se diante da morte.

Lucrécio soluçou e, enlouquecido, apanhou-a nos braços, erguendo-a rente ao peito. Abraçando ali o corpo inerte e ensanguentado, ele gritava:

— O que te fiz eu, meu amor?... Olha em que situação te coloquei, que não suportaste mais a vida... Tudo culpa minha, mas por que motivo não me esperaste? Eu estava chegando. Oh, desgraça! Estava tudo perdido para ti e por minha culpa, Katherine, minha adorada, esposa de minha alma. O que fazer sem ti agora?

Ele desmanchou-se em soluços, olhos dirigidos ao céu, com as dores que jamais esqueceria. Partira para sempre, o seu amor.

Rostos colados, as lágrimas de Lucrécio escorriam pela face de Katy. Para o filho da condessa Sophie, parecia que o mundo fora abaixo. E se morresse também? Mas e o filho que era dele? Precisava trazê-lo a seus braços o quanto antes. Então, ergueu-se e, com os ciganos, no dia seguinte, queimou o pobre e magro corpo de Katy, permanecendo junto às cinzas somente uma das pulseiras que ela usava, que ele apanhou e levou consigo.

Depois disso, Lucrécio abandonou Varsóvia. Sua fisionomia estava envelhecida.

Alguns anos se passaram sem que Lucrécio conseguisse saber de seu filho com Katy. O loirinho que recebera nos braços de Strúbel fora criado como seu próprio filho sem que ninguém o reclamasse e ficara querido de todos, recebendo muitos presentes da família. Cada criança que via passar na rua, procurava nela os seus olhos e os cabelos de Katy, relembrando aquele passado tão belo em que vivera. Encontrava-se com Gerard, com quem sempre desabafava.

– Ainda choras por ela, meu amigo? Eu vejo novamente teus olhos úmidos.

– Não estou chorando, mas sei que meus olhos ficam molhados sempre quando penso ou falo na Katy. Meu amigo, será que me encontrarei com ela um dia? Existirá outra vida? Se houver, pedirei a Deus que eu a tenha nos braços novamente e que fique comigo por muitos e muitos anos. Vou amá-la, cuidar dela, ampará-la... tudo o que não pude fazer por orgulho de família.

Gerard via no amigo o sofrimento que não se fora, e o novo conde continuou:

— E teu filho, quando nasce?

Gerard retirou dele o olhar e, visualizando o belo jardim pela grande janela, suspirou profundamente, respondendo logo após:

— Já nasceu o meu terceiro menino, ainda ontem — virou-se para ver a expressão modificada na face do amigo e, assistindo-o alargar os lábios com um grande sorriso, sorriu também, continuando —, e ela quis colocar o nome de meu melhor amigo na criança...

— E quem é o teu melhor amigo?

— Chama-se Lucrécio.

Ambos caíram na risada, e o conde abraçou-o com imensa felicidade.

— E quantos filhos ainda terão? — perguntou-lhe Lucrécio

— Teremos mais alguns — respondeu Gerard, rindo —, mas agora pensaremos só neste... por um tempo.

– Terás uma grande prole, homem! Se estivesse com Katy, eu também faria o mesmo. A vida mudou isso, ou fui eu quem mudou o rumo da vida?

– Ela deve estar te amando até agora também...

– Está morta, meu amigo, e jamais poderei vê-la novamente! Essa é a realidade, no entanto... – viu a impressão facial enfadonha de Gerard e mudou o que iria falar, concluindo – eu prometo que nunca mais tocarei nesse assunto. E abraçou novamente Gerard, sorrindo.

– E como!

– Mas não perco as esperanças quanto ao menino; estou oferecendo grande valor para quem encontrar meu verdadeiro filho, que já está com seis anos, como nosso Philip. Bem, mudemos de assunto.

Strúbel ainda estava desaparecido, e isso era mais uma prova de que ele não voltava por temer e para não ter que dar a Lucrécio a resposta cabível e correta, penitenciando-se do erro de ter trocado a criança.

No mesmo ano em que Katherine desencarnou, o filho de Sophie procurou Gerard como advogado, abrindo um inquérito sobre o roubo da criança. Este começou a pesquisar por toda parte, dentro da cidade, das vilas e do próprio país, sem ter notícias positivas, mas é lógico que, nas cercanias onde os proprietários se avizinhavam com o conde, essa pesquisa não foi feita.

O jovem Gabriel Leonard fora criado como em uma redoma de cristal, pelo receio que seus pais adotivos tinham de serem descobertos.

Dolores, a serva de Sophie, quando o pequeno Philip estava para fazer seis anos de idade, comentou a ela:

– Senhora, já que vamos fazer essa grande festa pelo aniversário de Philip, por que não convidarmos as crianças próximas daqui?

– Mas já convidamos todas, Dolores, e seus pais também.

– Mas se esqueceram do pequeno Gabriel Leonard Segundo, o filho da baronesa Divina e seu esposo.

– Ora, mas eu não sabia que eles tiveram um filho. E que idade tem essa criança?

– Encontrei-me hoje na feira da vila, como seguidamente acontece, com Severina, a que foi a ama de leite da criança, e ele, parece-me, regula com o nosso Philip. Eles recém voltaram ao país.

— Ora, como nada me disseram esses amigos? Vou pessoalmente lá para lhes levar o convite.

— Talvez seja importante, já que passam muitas temporadas fora.

— Sei disso pelos convites que mando. Eles nunca estão em casa. Aquela enorme residência fica quase sempre fechada... Mas vou até lá. Por favor, peça a Henry que prepare uma das carruagens.

Sophie subiu para melhorar sua aparência e, colocando o chapéu, saiu esbaforida para, pessoalmente, entregar o convite da festa de aniversário de Philip aos amigos que, havia muitos anos, não via.

Chegando com a carruagem na porta da residência de Gabriel Leonard Dupré e Divina, Sophie desceu, apanhando a mão do cocheiro, e com a outra, acomodando melhor na cabeça o seu pequeno chapéu, que lhe completava a elegância.

Bateu com a aldrava na pesada porta. O servo dos barões foi ver quem batia e, reconhecendo-a, fez-lhe uma reverência:

— Senhora, quanto prazer em vos receber nesta residência.

– Obrigada, Ambrósio, mas, por favor, tenho um pouco de pressa e desejaria entregar esse convite aos pais do pequeno Gabriel Leonard, ao qual ainda não tive o prazer de conhecer.

– Por gentileza, entra, senhora, e aguarda acomodada. Volto em um segundo.

Divina arregalou bem os olhos e respondeu ao mordomo assim que soube a novidade:

– Ela está aqui? Ai, meu Deus, o que faço agora, Ambrósio? Aconselha-me, já que meu esposo não se encontra em casa...

– Ora, a senhora deve descer, não acha também?

– Sim... Devo descer, no entanto, não deixes o menino sair do seu quarto.

Divina desceu e, apertando as mãos, demonstrando seu nervosismo, bradou em voz alta:

– Sophie, a que me dás a honra dessa visita?

– Ora, Divina, por que falas tão alto? Parece a mim que estou num teatro... Ou me consideras surda?

– Por quê? Ora, desculpa-me, eu é que estou mal com meus ouvidos. Mas senta-te. Como estão todos lá?

— Estamos muito bem.

— O que necessitas de mim, condessa?

— Vim convidar teu menino, cuja idade se identifica com meu neto, como me falou a minha serva, para o aniversário do pequeno Philip. Não sabia que tiveste uma criança, com a idade que tens! Como isso aconteceu? Ficarei pensando nessa criança se faltares, afinal, tens idade...

— O médico me disse que, com quarenta e cinco anos, muitas mulheres tiveram filhos.

— Será? Mas que horror, então, deves estar com cinquenta e um.

Não desejando responder ao escárnio de Sophie, Divina lhe respondeu:

— Não sabia que tens um neto. Então, já és uma avó?

— Pois não soubeste que Ludmila teve um filho?

— Não... nós viajamos muito e quase nunca estamos aqui.

Sophie sorriu, não desejando entrar em detalhes e aludiu, conformada.

— Lucrécio ama aquela criança, e ele parece um anjinho, lindo, bem loirinho, como sua mãe... Eu posso conhecer o teu filho, Divina, tanto querias ter um!

— Sim, é lógico. Mas não o vejo há algumas horas, creio que ele deve ter saído com seu pai.

— Mas não te perdoo por não nos ter comunicado o nascimento dele naquela época. Com que idade está ele?

— Cinco anos — mistificou. — Nós viajávamos seguidamente pela saúde da criança.

— Ah... então foi alguns meses depois da festa em homenagem ao casamento de meu filho que tu engravidaste. Muitas vezes os procurei para convidá-los para outros eventos, homenagens e aniversários, mas teus servos sempre diziam que estavam viajando.

— É... foi isso mesmo. Ouvi por aí que teu filho Lucrécio também tem um filho fora do casamento — disse Divina, sem nada falar sobre a cigana.

— Sim, mas é esse, com Ludmila.

— Ouvi dizer que era com outra mulher.

— Bobagens. Mentiras de gente despeitada. Pois é, o aniversário deste meu neto, que estará fazendo seis anos, é neste final de semana, e por esse motivo não posso me demorar. Só que não dispenso vossas presenças e a da criança. Combinado? Quero, também, que vejais a ornamentação paisagística que fizemos, orientando-nos pelos jardins ingleses. O labirinto de plantas cresceu muito e já nos encobre, e o pequeno Philip adora brincar lá, mas sempre com sua ama de leite, porque é difícil para todos encontrar o lugar de saída. Teu filho também gostará da brincadeira. Seis anos sem nos vermos, hein, Divina?

— Sim, seis anos sem nos vermos, minha amiga. Iremos ao aniversário, sim. — E sem controlar a língua, investigou —: E prezo para que Lucrécio Philip já tenha encontrado a criança que teve com a cigana.

Sophie estancou e olhou-a atravessado ao inquirir:

— Quem te contou essas inverdades? Bobagens!

— Mas tempos atrás vimos uma cigana sair de lá com uma criança nos braços. Então, era filho de teu esposo?

— Mas o que acontece contigo, Divina? Soltas-me armas para que eu me defenda, é isso? Que cigana, que nada. Olha bem e veja se meu filho é desse tipo de homem que se liga em saias promíscuas... Até amanhã.

– Até amanhã, amiga. – E disse Divina a si mesma –: "pois sim, querendo acobertar o insucesso do filho aventureiro..."

No que Sophie subiu no coche, Divina foi até o gabinete do esposo, que chegava, e falou-lhe com adrenalina na voz:

– Esposo, esposo, nós estamos livres! Lucrécio Philip tem um filho com a esposa e nem pensa no filho da cigana.

– O quê? Explica-me melhor.

Divina relatou-lhe tudo o que Sophie falou, mas isso fez com que o barão Gabriel Leonard franzisse o cenho e comentasse, desconfiado:

– Isso não será uma cilada para nós? Soube que Lucrécio procurou um advogado, e este, um ótimo detetive, porque não se identifica com a criança loira que tem com ele. Mandou oferecer uma quantia milionária a quem o encontrar.

Severina, que estava passando, parou para ouvir melhor e pensou:

"Com esse valor compro uma casa para meus pais, posso ajudar minha irmã aleijada a sair daquela vida miserável e viajar pelo mundo. Como resistir?

Mas terei que analisar a situação e, de boca fechada. Ah... essa oportunidade eu não perderei.

E Divina continuava:

– Bobagens, conversas alheias de quem está desconfiando de nós, isso sim. Ora, meu esposo, eu ouvi, da própria Sophie, o quanto a criança é amada naquele palácio.

Leonard deu de ombros e continuou lendo o livro que tinha nas mãos, concluindo:

– Se assim pensas, não vejo motivos para não irmos a essa festa de aniversário.

8

Strúbel
RETORNA

"E lhe disse: respondeste bem, faze isso e viverás."

Lucas, 10:28

Strúbel chegou de viagem depois de tantos anos, e Andressa, ansiosa pelas visitas seguidas que recebia de Lucrécio, perguntou ao sobrinho:

— Meu sobrinho, por onde andaste, homem de Deus?

— Ora, andei viajando para conhecer o mundo com os valores que recebi. Estás bem, minha tia?

— Sim, com exceção do filho do conde, vindo toda semana aqui para saber onde colocaste a corrente de ouro com o brasão, que estava nas dobras das roupinhas infantis.

— Correntinha com brasão? Ora, desconhecia esse fato. Devo ter posto fora aqueles trapos sem verificar. Uma corrente... Eu poderia tê-la vendido, mas não a vi.

— Pois, então, trata de encontrá-la, visto que o conde falou que devolverá a criança se não deres a ele a correntinha com o brasão de ouro e te porá na cadeia.

— Quanta infantilidade daquele que se acha o dono do mundo. Ora, minha tia, ele tem tanto dinheiro...

— Mas como te falta inteligência, meu sobrinho... Não vês que a corrente é o elo que o une a Katy?

— Katy? Ah... a cigana que aqui esteve e me levou algumas moedas. Mas, minha tia, a essa altura ele já se apegou à criança que levei. Não te preocupes.

— Strúbel, se não fosses filho da minha irmã querida, já morta, muito teríamos que brigar. Não sei, não, mas penso que roubaste aquele menino da senhora Luzia, a pobre que mora aqui perto, porque ela se desmanchou em lágrimas naquela época, dizendo que enquanto foi apanhar suas roupas no varal, o filho dela foi roubado. Tens ideia do sofrimento de uma mãe cujo filho é raptado? Dize-me, meu sobrinho, olha em meus olhos, aproxima-te:

– Lá vem você com lamúrias...

– Por favor, Strúbel, por favor...

– Está bem – falou ele, apanhando um banquinho e sentando-se à sua frente –, estou olhando em teus olhos, senhora Andressa, o que desejas de mim?

– A criança que levaste era o filho de Luzia, não é? Por esse motivo ele não tinha corrente nenhuma, e suas roupinhas eram trapos.

– A senhora entregaria seu próprio sobrinho às autoridades?

Andressa baixou a cabeça e lembrou-se de sua irmã já desencarnada. O que pensaria ela? Não. Não poderia entregar seu sobrinho, então, respondeu-lhe:

– Não, querido. Não poderia fazer isso, mas tu poderás fazê-lo. Isso cabe a ti. Há seis anos que Luzia não abandona a esperança de seu coração... Se fosse um filho teu, roubado, como agirias?

Strúbel baixou a cabeça, lembrando-se da mãe já morta, e apanhou as mãos de sua tia, querendo desculpar-se e falando:

– Eu não poderia ter perdido todo aquele dinheiro que me ofereciam, minha tia, estávamos tão necessitados...

– Mas, meu sobrinho... Isso não foi correto. Olha que quem faz o mal recebe-o de volta. Por isso, estás até hoje sozinho.

– Ora, mas eu não vou me casar. A não ser que encontre uma mulher rica.

– Pensa bem nessas palavras que te falei. Podes ter um filho, e fazerem o mesmo contigo.

– Ora, tia... Bobagens, bobagens.

Gerard, na véspera do aniversário de Philip, procurou por Lucrécio em sua casa. Levava com ele Sonja, grávida novamente, e o menino de Martinho, que levava seu próprio nome.

Enquanto Philip foi brincar no jardim com o pequeno Gerard e com Sonja, Lucrécio falou ao seu amigo:

– Não perco as esperanças de encontrar o filho

de Katy, talvez seja pouco o valor que ofereço para quem encontrá-lo...

– As coisas estão indo bem, mas, por incrível que pareça, ainda não conseguimos o rastro desse teu filho. O detetive procura até saber sobre aqueles que frequentaram esta casa naqueles dias, mas está difícil, meu amigo... Os nobres não fariam isso. Procuramos a criança com os ciganos e até com funcionários desta casa, já que Katy te falou que foi de uma carruagem que saiu daqui os que o raptaram.

– Eu estou oferecendo grande valor para quem encontrar a criança, que já está com a idade de meu Philip, mas será o suficiente?

– É até demais, meu amigo, não ofereças mais.

– Os anos me deixaram mais maduro, Gerard. Depois do suicídio de Katy, a vida foi vista de outra forma por mim. Podem chamar-me de louco, por esse fato, mas nada conto sobre o que tem me acontecido. Hoje, dou mais valor à vida, às pessoas e principalmente ao amor.

– Bem, mudemos de assunto. Vejo teus olhos novamente úmidos.

– Jamais deixarei de amá-la, meu amigo, mas a nobreza não perdoa esse tipo de afeto. E me culpo...

— Não te culpes. Viva com alegria ao lado dessa criança linda que tens contigo, como se fosse o filho da mulher que amaste. Amanhã é o aniversário dele, dá a ele a alegria de poder amá-lo como eu amo o filho que não é de meu próprio sangue. Adolfo Augusto Severini, o solteirão, também virá com a afilhada e saberá que minha esposa, agora, aguarda outro bebê. O ventre dela já está bastante volumoso.

No dia do aniversário, Lucrécio fez uma grande festa no jardim. Os vizinhos Gabriel Leonard Dupré e a esposa chegaram, levando consigo o pequeno Leonard, mas em meio a tantas crianças, ninguém deu atenção à criança raptada.

Pensávamos nós, com ansiedade, como a alma daquela que estimamos desde o início dessa história, Katy, agora reencarnada como a criança doente, estando nas paisagens umbralinas, deveria sentir-se também ansiosa naquela festa de aniversário, para que Sophie ou o próprio Lucrécio vissem, na aparência do menino Leonard, a fisionomia do próprio pai, quando infante.

Severina, como ama de leite que fora, continuava

a servir a criança, agora como babá, enquanto seus pais comungavam a mais tranquila alegria no ambiente que admiravam, somado aos nobres amigos de sempre. Sophie e Ludmila, incansáveis, faziam questão de agradar a todos os pais das crianças convidadas.

A grande mesa colocada no jardim era admirada pela profusão de vasos com miúdas flores, e as guirlandas floridas, que se estendiam por entre as árvores, encantavam a todos os presentes. Divina volta e meia localizava Leonard Segundo, mas vendo-o brincar acompanhado a tantas crianças, aos cuidados de Severina e de outras babás, continuou tranquila com seu colóquio vazio, inútil e insincero.

O menino Philip, em seguida, fez amizade com Leonard. Corriam pelo jardim e, vez em vez, sumiam, sendo procurados por Severina, disposta que estava em receber os milhões oferecidos por Lucrécio Philip, contando a verdade ao verdadeiro pai, sobre a criança que cuidava.

A tarde ia tranquila. Quando começou a cair o Sol, os pais das crianças se preparavam para voltar aos seus lares. Philip, muito travesso, não querendo que a festa terminasse, apanhou a mãozinha de Leonard e correu para o labirinto a fim de se esconderem, aproveitando o descuido do homem, ali a postos, para que isso não acontecesse naquele horário.

Severina os viu, mas achou que aquela seria uma bela oportunidade para conseguir seu objetivo. As crianças foram procuradas na área interna da residência, sem resultados. O menino Philip, vendo Leonard ficar temeroso entre o verdejante labirinto, disse-lhe baixinho:

– Não fiques triste, amiguinho, eles nos encontrarão logo. Assim, podemos sentar aqui e contar histórias um ao outro.

– Mas está ficando noite, e minha mãe vai ficar preocupada, Philip – falou-lhe Leonard.

– Mas estás em minha casa, e aqui não é perigoso. Vem – disse-lhe, apanhando sua mão –, vamos procurar o caminho de volta.

Ludmila sentiu a preocupação de Divina, que não encontrava Leonard e, para não assustar Sophie, correu para avisar seu esposo:

– Lucrécio, a senhora Divina está desesperada. Seu filho deve estar no labirinto com o endiabrado Philip! O que faremos?

– Quantas crianças estão lá?

— Não sei, talvez duas ou três.

Lucrécio pediu para um servidor, que estava próximo, para lhe alcançar uma lanterna a óleo e, quando foi entrar no labirinto, Gerard se ofereceu para ir com ele, e Severina infiltrou-se também. Os demais esperavam na saída.

— Ai, meu esposo, o que será de nosso pequeno? – angustiada, lamuriou Divina.

— Deixa de bobagens, mulher, não vês que o próprio Lucrécio está lá para encontrá-los?

O grupo dos três seguia à frente, com a lanterna a óleo.

— Por aqui, Gerard – ordenava Lucrécio Philip. – E a senhora, quem é?

— Sou Severina, a ama de leite do menino Leonard.

Enquanto caminhavam cuidadosos pelo labirinto, Severina seguia-os atrás e, em certo momento, falou:

— Vim junto porque tem que se ter cuidado com as crianças... eu soube de um filho de uma cigana que foi raptado por estas estradas, pobrezinho. Isso já faz lá uns seis anos e casualmente descobri onde ele se encontra... mas tenho receio de dizê-lo, temendo...

Lucrécio e Gerard pararam e voltaram para olhá-la na face, iluminando-lhe o rosto com a lanterna a óleo.

– Senhora! – exclamou Gerard, já que Lucrécio parecia ter uma síncope. – Será possível? Como podes ter essa certeza?

– Porque tenho em mãos aquilo que comprova a verdade. Olhai, a criança estava com esta corrente. Vede. Só não sei a quem pertence este brasão... Deve ser da família do pai... – declarou, tirando do bolsinho do longo vestido a correntinha que Katy recebera de Lucrécio com o brasão da família, e ele, coração em arritmia, arrancou-a de sua mão, apoiando-se na ramagem. E, quase sem voz, respirando dificilmente pelo que ouvira, disse-lhe:

– Senhora, eu te agradeço e quero dar-te a recompensa. Onde se encontra meu filho? Onde está a criança? – falou, ainda iluminando sua face.

– Bem... Isso deverá ser sigiloso. O homem em questão não deseja aparecer, temendo revolta dos que raptaram a criança... Ele é meu irmão, mas posso receber o valor por ele.

– Não fosse a prova que tenho nas mãos, não acreditaria na senhora. Estamos aqui com o meu advogado, nada temas. Conta-me onde está essa criança – pediu-lhe Lucrécio. – E dize-me quem a raptou.

– Não tenho coragem... Os senhores me defenderão? – argumentou a mulher, angustiada pelo que poderia lhe acontecer.

– Com certeza, senhora. Eu sou advogado e a defenderei dos agressores – prometeu Gerard.

– Preciso confiar em um advogado. Vou dizer onde está a criança. O menino está aqui, neste labirinto. Mas, por favor, têm de me defender. O melhor será não apanhar a criança hoje.

– Ora, eu vou apanhá-lo hoje, sim! – redarguiu Lucrécio, apressando o passo.

– Meu filho, meu filho! – chamava ele em voz alta, andando mais rapidamente pelos caminhos. – Katy, ouviste? É nosso filho quem está aqui, meu amor!

Continuaram a andar pelo labirinto, tentando ouvir as crianças, que quietinhas estavam porque escurecera.

– Lucrécio, ela tem razão. Amanhã, vamos com a correntinha até a casa da pessoa que o raptou.

Depois, colocamos esta senhora testemunhando que viu lá a corrente – ponderou Gerard. – Assim ela não ficará mal perante os ladrões, que poderão machucá-la.

– Senhora, se eu apanhar meu filho agora – falou quase sem fôlego –, quem eles pensarão que roubou a corrente do lugar?

– Bem, há muitos servos naquela casa...

– E onde fica essa residência? – inquiriu o advogado.

– É a residência de Gabriel Leonard Dupré.

Os amigos pararam e se olharam. Isso jamais eles poderiam imaginar. Eles? Lucrécio, até então, achava que estavam em três amiguinhos ali, mas jamais pensaria que seu filho era a criança de Divina, que sua mãe fora convidar no dia anterior para a festinha.

– Vamos, continuemos à procura de meus filhos! – ordenou Lucrécio.

Ali no escuro, Leonard temia:

– Estou com medo, Philip.

– Ih... eu também, mas ouço vozes distantes e parece-me que vêm de lá, onde a vegetação se ilumina. Ouve.

– Philip! Leonard!

– Pai!

– Não saiam daí.

– Leonard, eles estão naquela curva, vamos, corre!

O filho de Katy correu atrás do amigo, ambos seguindo a luz tênue da lanterna a óleo e, agora, iluminados pela luz da Lua cheia, que acabara de sair detrás das nuvens, correndo, trombaram com os três que os estavam procurando.

– Severina! Que bom que te encontrei! – bradou Leonard, abraçando-lhe as pernas – Estou feliz por te achar!

Lucrécio Philip, coração aos pulos, baixou-se lentamente e, colocando a chama próxima à face infantil, olhou para o menino com amor, relembrando o meigo jeito de olhar de Katy e não se conteve. Derramou algumas lágrimas, apanhando-o no colo e apertando-o contra o peito.

– Meu filho, meu filho amado... – depois, controlando-se, mudou o tom da voz – Olá, menino. És amigo de Philip? – indagou terno, analisando-o.

Sim, era como se estivesse voltando no tempo...

Via ali sua própria face, seus olhos e os cabelos de Katy...

– Sim, sou amigo dele, mas estávamos com medo. Minha mãe já deve estar preocupada...

– Mas vou te levar até ela.

Philip estranhou seu pai não abraçá-lo, mas Lucrécio, notando a carinha angustiada do menino, que aprendera a amar como seu próprio filho, também o abraçou e apanhou sua mão, levando os dois para fora do labirinto.

Gabriel Leonard e Divina estavam ansiosos, aguardando a criança, e quando Lucrécio o baixou ao chão, próximo à saída, Gabriel Leonard correu para apanhá-lo, ouvindo Leonard Segundo voltar-se e afirmar educadamente:

– Senhor Lucrécio, eu muito vos agradeço. O senhor me salvou assim como meu pai me salvaria.

Lucrécio, emocionado, baixou-se para ficar na sua altura e perguntou a ele:

– Gostaria de ter um pai como eu?

– Sim. O senhor é bom – e apertou o pescoço de Lucrécio, dando-lhe um beijo na face.

Divina ficou nervosa ao ver Lucrécio, com

lágrimas nos olhos, abraçar a criança que ela acolhera como sua, e redarguiu alterada, estendendo os braços para apanhá-lo:

– Este é meu filho. Meu, entende? Tantos anos fugindo para ninguém descobri-lo comigo, eu não vou entregá-lo agora ao senhor! Seu filho é esse aí, o Philip. Não tem ele teu próprio nome?

Retirou de Lucrécio, Leonard Segundo, que também lhe estendeu os braços.

Ali Sophie alterou-se e olhou-a de frente:

– Como é, Divina? Confirmas que esse é o nosso menino? Tanto tempo fugindo e não vai entregá-lo a nós?

Leonard Dupré retirou a criança dos braços de Divina e voltou-se, debatendo, desejando sair dali e justificando:

– Brigaremos na Justiça.

– Será necessário? – elucidou Lucrécio, chegando rapidamente em sua frente e sacudindo na mão a corrente com o brasão de sua família.

– Não – falou Gerard, retirando seu cartão de advogado do bolso do paletó –, temos testemunhas que viram esta correntinha nas roupas da criança.

– Severina? Maldita! Vais te haver comigo! Como tiveste coragem de me roubar esse brasão? – protestou Divina.

– Deixa-a, querida, ela verá como a trataremos daqui para a frente – comentou-lhe Leonard Dupré.

– Não voltarei mais para vossa casa, senhores. Sempre achei algo errado ali. De uma hora para outra os senhores apareceram, depois de uma reunião com amigos, com um bebê recém-nascido – aludiu Severina. – O correto é o correto!

– De agora em diante, ela cuidará de meu filho, se quiser, pois terá muito dinheiro para fazer o que bem entender de sua vida, não é, Severina? – confirmou Lucrécio. –
Sou muito grato pela pessoa correta que cuidou até hoje do meu filho.

O menino Leonard começou a chorar.

– Pai, enquanto vocês conversam e brigam, por favor, deixa-me brincar mais um pouco com Leonard – pediu-lhe Philip.

Leonard fez menção de sair do colo do pai adotivo para brincar com Philip, e Gabriel Leonard largou-o no chão. Vendo a cena entre as duas crianças que amava, Lucrécio ponderou:

— Não pensemos somente em nós. Deixemos a criança ir com Philip até seu quarto de brinquedos e entremos para conversarmos como pessoas adultas e civilizadas, não como animais que só desejam o pior para cada um. — E voltando ao assunto, fez referência —: Como vês, cara senhora Divina, a justiça de Deus nos mostra sempre a verdade quando somos fiéis a Deus. Eu estive com Katherine Slowskaya, que me contou toda a sua história, só que não lembrava o nome da família que raptou seu filho. Suicidou-se por esse sofrimento.

Divina e o esposo entreolharam-se e baixaram os olhos, penalizados.

"Mas o maior culpado sempre fui eu" — pensou o novo conde.

— Façamos isso — pediu-lhes Sophie, não desejando que o diálogo se desenvolvesse novamente frente aos meninos, que caminhavam com eles até a residência. — Disseste muito bem, meu filho, não pensemos somente em nós. Continuai até o gabinete, que eu levo as crianças para brincarem no quarto de brinquedos do Philip.

— Sim. Essa criança que está indo com minha mãe para brincar com Philip é meu filho e filho da mulher que amei! – como se falasse a si próprio, o jovem conde aludiu –: Meu filho... Meu e de Katy, minha amada Katy.

Divina e Gabriel Leonard colocaram o olhar rancoroso em Severina, que caminhava ao lado de Lucrécio. Ela fora a causadora de todo esse drama, pensavam eles. Se assim não fosse, todos já estariam em casa ao lado da criança que amavam.

Desceram em silêncio o gramado e adentraram no palácio. Ao chegarem frente à porta do gabinete, Lucrécio convidou-os com a ansiedade à flor da pele:

– Vamos, entrai, por favor.

No gabinete da residência, onde Lucrécio conversara há poucos dias com Gerard, todos tomaram acento, e Gerard tomou a palavra:

– Como deveis saber, senhor e senhora Dupré, por mais que ameis essa criança desde a mais tenra idade, lei é lei. O filho ilegítimo deve ser devolvido ao seu verdadeiro pai – asseverou o amigo de Lucrécio. – Isso foi um crime!

– Mas não sabíamos quem era aquela criança que ouvimos muito chorar aos pés da mulher caída ao solo. Somente a apanhamos e quisemos prestar serviços à jovem mãe que, depois de acordada, parecia demente. Não agimos de má-fé! Somente vimos o brasão quando fomos para casa, depois de meu esposo levar a cigana a uma clínica para ser tratada. Aí pensamos que teu próprio pai, o conde, senhor Lucrécio Ernest, fora a pessoa que enxotara a cigana daqui, visto a desesperação dela... Achamos que a jovem deveria se restabelecer para poder ter uma vida saudável mais tarde, com o seu grupo de ciganos. Fizemos-lhe um bem naquela época, a nosso ver... – elucidou Divina.

– É, foi isso – referiu-se Gabriel Leonard Dupré. – A cigana estava caída ao solo e, depois que acordou do desmaio, enlouquecida e muito cansada com a criança nos braços, falava sozinha. Fizemos o que achávamos o melhor.

– Mas por que motivo esqueceram Katherine no sanatório por todos estes anos? – indagou Lucrécio, alterado. – Isso para mim foi, sim, má-fé. Quiseram roubar a criança.

– Deixa isso para mim, meu amigo. Sou eu o advogado – adiantou-se Gerard.

– No entanto – continuou Leonard Dupré –, tempos mais tarde, quando fui apanhá-la no sanatório, ela de lá tinha fugido.

— Isso não deixa de ser uma verdade – defendeu Divina. – Afinal, eu mesma penalizei-me da pobrezinha.

— Não foi esse o comentário que minha Katy me fez. Disse-me que ficou anos no sanatório... – redarguiu Lucrécio.

— Sim, e só depois de quatro anos é que o senhor Dupré foi apanhar a pobre mulher lá – elucidou Severina.

— Cala-te! Verás o que será feito de ti, Severina! – ordenou-lhe Divina.

— Sabes que eu não gosto desse tipo de coisas, senhora Divina. Desculpa-me se, de algum modo, eu te firo – afirmou-lhe.

— Mas Katy não vos falou de quem era filho aquela criança, senhora Divina? – continuou Lucrécio, desejando concluir o interrogatório.

— Mas, como dissemos, ela estava caída no chão com a criança quando a encontramos; estava enlouquecida, dizendo "o que será de meu filho agora?" Fizemos a ela um bem.

— Pelo sim, pelo não, isso agora não importa. Poderíamos agradecer-vos por terem dado apoio a ela naquela hora, mas lhe roubar a criança e colocá-la no sanatório, isso foi tortura para Katherine – afirmou Gerard.

– Como disse, eu estive com ela nos últimos momentos, e ela contou-me o desespero pelo qual passou, aprisionada no sanatório, e cada vez que dizia que tinha um filho ao médico, era-lhe dada uma porção de medicamentos que a deixavam sem forças. Teve que dizer o contrário para a deixarem sair. Assim passaram anos, quando finalmente fugiu. Não conseguindo que seu pai a ajudasse em auxílio à recuperação de seu filho, suas esperanças feneceram, e ela perdeu o sentido da vida, suicidando-se. O que acha, agora, o casal de raptores, tendo na consciência essa morte?

– Oh... Eu jamais esperava isso – comentou Divina. – Sempre tive pena daquela moça e falava a Leonard para tirá-la de lá, até o dia em que ele viu que ela já não mais lá estava.

– Somos amigos de teus pais há tanto tempo, além do mais, somos nobres, não nos devias tratar assim – citou o esposo de Divina. – Como vês, a criança já se apegou a nós e irá sofrer muito, se distante.

– Iremos a processo e veremos o que o Juiz resolverá – comentou Gerard.

– Não, por favor, isso será vergonhoso para nossa família! – ponderou Divina.

– Sim – aclarou Lucrécio –, a lei é a lei, mas o amor deve sempre estar acima de tudo. Eu errei e talvez seja merecedor disso. Jamais deveria tê-la abandonado e agora eu não posso abandonar Philip, cujos pais nem sei quem são...

– Mas o que queres dizer com isso, meu filho? Não queres a criança que é teu próprio sangue? – elucidou Sophie que chegava, ouvindo as palavras de Lucrécio.

– Mãe, amo essa criança como a amei ainda no ventre de sua mãe, mas pude ver a quem ele realmente ama. Eu e a senhora, minha mãe, a ele somos desconhecidos, e o menino sofreria muito... Deixa-o ir, mamãe. Nós o visitaremos todos os dias, e ele passará conosco, pelos autos da lei, algum tempo. Viajará conosco, mas sempre voltará aos braços de quem aprendeu a amar. Não pensemos somente em nós, minha mãe...

– Renuncias a teu próprio filho?

– Não. Mas o quero feliz. Não farei com ele o que fiz com sua mãe. Contarei a ele a verdade quando ele já estiver me amando, realmente. Em sua adolescência ou um pouco antes. Terá cursos, escolas e a Universidade que desejar.

Divina segurou as mãos do esposo e começou a soluçar, largando todo o pranto que estava resguardado dentro de seu peito:

— Oh, Lucrécio, como és um bom homem! — agradeceu.

— Não fui um bom homem, pois me baseei no orgulho da família, e essa é a fórmula que estou usando para poder apagar um pouco as minhas tantas faltas. Renunciar por amor a meu filho. Todavia, uma coisa eu quero que saibais. Ele levará, sim, o meu nome. Chamar-se-á, como eu e sua mãe desejávamos, Lindolfo Lucrécio, futuro conde de Buonafonte. E mais tarde, quando com seus dezesseis anos, virá morar conosco. Esse é o termo do contrato que assinaremos.

Gerard anotava tudo o que fora comentado ali e, nesse instante, chegou o menino Leonard e pediu para o esposo de Divina:

— Estou com sono. Vamos para casa, papai?

— Sim, meu pequeno, nós vamos, mas antes abraça esse homem tão bondoso, que se chama Lucrécio.

— Senhor, boa-noite – estendeu a mão a Lucrécio que, com os olhos úmidos, o apanhou ao colo, envolvendo-o com carinhoso amplexo.

— Meu menino querido, eu posso assim te chamar? – indagou Lucrécio ao filho de Katy. – Amanhã mesmo, poderás voltar para brincar nesta casa, está bem? Eu e Philip te apanharemos e, então, brincarás também com todos os meus brinquedos de infância...

— Vou gostar de vê-los, senhor! – Depois, virou-se para Philip –: Boa-noite, Philip. Gostei muito do teu aniversário.

— Boa-noite, amigo, que bom que virás amanhã, quando poderemos brincar novamente.

Quando a porta se fechou e Sophie saiu, um suspiro profundo se ouviu:

— Meu amigo, quanta emoção, não é? Encontrar teu próprio filho, logo aqui, em tua casa! – comentou Gerard. – Isso foi Deus, que tudo vê e não nos desampara.

— Também foi Katy, por intercessão, quem o quis trazer, tenho certeza.

— Sim – referiu-se Severina –, senti coisas

estranhas bem antes de apanhar esse brasão, como se ali estivesse alguém a me fazer cometer aquele delito, afinal, nunca roubei nada na vida. A senhora Divina mandou-me apanhar o lenço que havia deixado no dormitório quando dei com os olhos na caixa aberta de joias e, bem frente a mim, vi o brasão de família, que reconheci ser teu, senhor Lucrécio. Eu sabia sobre ele, pois ouvi isso do casal, na noite em que o bebê chegou lá. Meu irmão nem sabe disso, peço desculpas pela mentira. Talvez eu tenha errado com os Dupré, mas sabia de tua preocupação, senhor conde, e da angústia que devias sentir.

Ao seu lado, Katy, sorridente, mas também chorando emocionada, envolveu Lucrécio com todo o amor que continha em seu peito e, nesse estado de alma, foi apanhada por protetores espirituais imantados por faixas de luminosidade, sendo levada à colônia para o tratamento a que fazia juz.

9

A obra DIVINA

> *"Sujeitai-vos, pois, a toda ordenação humana por amor ao Senhor"*
>
> Pedro, 2:13

Passaram-se alguns anos. Quando a porta do palácio do novo conde de Buonafonte abriu-se para Gerard, a esposa e os filhos, Lucrécio maravilhou-se com a chegada daquela estimada família. Fez com que se acomodassem no gabinete, onde sempre costumavam ficar os amigos de Lucrécio Philip, e foi chamar sua esposa no jardim, que rapidamente entrou com Adolfo, que também os estava visitando.

– Ora, meu amigo, mas que grande alegria me dás! Trouxeste os quatro filhos e o recém-nascido para o conhecermos! Com que idade estás, Bernarda?

– Tenho seis anos, senhor conde.

– Somos grandes amigas, não é, princesinha? – comentou Ludmila, desejando saber de todas as crianças. – E o pequeno Gerard Segundo, está comportando-se bem?

– Ora, sou quase adulto...

– E nosso menino Lucrécio? Ele é muito quietinho, não é, Sonja?

– Sim, mas se puxar ao pai, que trabalha tanto... não será mais tão quietinho.

Riam todos em efusivos abraços. Os senhores da casa viram na esposa de Gerard, por suas maneiras e a afinidade entre eles, que ela estava fazendo Gerard muito feliz. Então, comentaram sobre o destino dos dois, já marcado no Céu, depois que o casal deixou aquele palácio.

– Veja bem, Adolfo, como é a vida. Ele, que sempre foi apaixonado pela minha irmã, sem nada nos dizer, foi à Itália, exatamente para tirar desforra do homem que não quis se casar com ela naqueles dias. Quando viu que ele tinha agido com Sonja da mesma forma, permaneceu como seu preceptor, atendendo-a até nascer a criança, que foi registrada como seu próprio filho, depois do ato sacramental realizado. A vingança que desejava fazer transformou-se no ato de amor e caridade que, com o tempo, acalentou seu ânimo, permitindo-o amar novamente, preenchendo o espaço vazio que Antonia deixara em seu coração. O ato de ódio, que poderia ter se concretizado e destruído a vida de Miranda, como a sua vida também, modificou-se em amor, caridade, doação e, daí, em alegria e beleza com essa bela família.

– Lucrécio, eu sempre achei que, na vida, o importante é a nossa paz de espírito, e Gerard conseguiu essa conquista – redarguiu Adolfo.

– E que não é tão simples... No meu caso, eu conquistei a paz com a renúncia em favor do filho de meu coração, Leonard, cujo registro de nascimento foi anulado por meus advogados e Gerard, em especial, obtendo o nome que minha amada Katy e eu, mesmo sem nos falarmos na época, pensávamos em colocar: Lindolfo Lucrécio, o futuro conde de Buonafonte. Não sei se existirão nobres na época em que ele for já um homem feito, mas ele herdará, por nosso sangue, o título de nobreza.

Ludmila saiu ao prestar atenção no assunto que estavam falando. Tinha-lhe ciúme, mas sabia que aquele afeto de seu esposo por Katy jamais pereceria. Adolfo, nesse momento, teve mais liberdade para perguntar a Lucrécio:

– Dize-me, meu amigo, como tua mãe aceitou uma criança que, na realidade, é um... – ia dizer bastardo, mas deu-se conta e rematou – desculpa-me.

– Ias dizer "um bastardo?"

– Bem... Sim, foi isso que eu quis dizer

– Mas ele tem o meu sangue e de meus pais, o nosso sangue, enquanto que Philip é loiro com olhos azuis! Coisa que não existe em nossa família, e vê-se que não é meu filho. Contudo, Ludmila é desse porte. Philip é nosso filho espiritual.

– E, dize-me: teu filho Lindolfo Lucrécio te aceitou como pai?

– Quero que vejas por si mesmo, meu amigo, quando o chamar. Mas antes quero dizer-te que considero ambos meus próprios filhos. São amigos e companheiros. Amo-os.

– Será que o filho de Katy seguirá o caminho do pai que é, ou melhor, foi um médico?

— Dizes bem, fui. Depois que papai morreu e tive de tomar conta das propriedades, fui obrigado a abandonar a profissão. Soubeste disso em tua viagem ou ainda quando moravas na Índia?

— Soube no trem para cá. Ah... quase estava esquecendo de te contar quem eu encontrei no trem.

— Quem?

— Sabes quem? Miranda.

— Encontraste nosso próprio pesadelo. E como ele está?

— Não vais acreditar. Casou-se com uma chinesa.

— Não diga. Enfim, alguém foi mais inteligente que ele — elucidou Lucrécio.

— Que nada! Foi forçado pelo pai dela, que não é de brincadeira.

— Pai, eu... — entrou Lindolfo Lucrécio no gabinete, e parou quando viu Adolfo. Sorrindo o abraçou, dizendo:

— Enfim, voltaste, amigo.

— Me chamas de amigo? — perguntou-lhe Adolfo, admirado pelo tamanho do rapaz.

— Sim, todos os amigos de meu pai são também

meus amigos – devolve o sorriso a Adolfo, olhando admirado para seu pai, que sorri para ele sempre com os olhos úmidos.

– O que desejas de mim, meu filho? – perguntou-lhe Lucrécio.

– Posso ir com Philip ver os ciganos que estão na cidade? Ele está me esperando na charrete.

O coração de Lucrécio bateu forte, e ele meio que se desconsertou. Iria se repetir a história com o filho de Katy?

– Gostas de ver os ciganos? – perguntou-lhe Adolfo.

– Para dizer a verdade, gosto mesmo é das ciganas, e de vê-las dançar.

– Podeis ir, meus filhos. Maurício, nosso novo cocheiro, poderá levar-vos. Cuidai-vos.

No que Lucrécio Lindolfo saiu, Adolfo mencionou:

– Meu amigo! Será que a história se repetirá?

– Na minha posição de hoje, não deveria permitir isso, no entanto, jamais prenderei meu filho. Ele terá a mulher que amar realmente. Quero-o feliz.

– Ele está a tua cara, meu amigo. Devia ter te

aconselhado, naqueles dias, a unir-te a ela em casamento, antes mesmo de levá-la à casa de campo.

– Peço a Deus que, se existir vida após a morte, eu possa me encontrar com Katy para lhe pedir perdão novamente e estar com ela. Sinto, em meu coração, que ela seguidamente está presente, quando digo que a amo no silêncio da noite, antes de adormecer.

– Eu fico triste ao te ouvir falar assim. Bem, devo ir. Aurora me espera.

– Finalmente casarás, meu amigo?

– Sim, custei a encontrar o amor, mas penso que, desta vez, serei feliz. Ela tem o nome de Aurora, mas é hindu e foi criada por uma inglesa. Como deves imaginar, ela não tem nada de clara, sua pele é morena como todas as hindus.

– Traga-a aqui antes do casamento.

– Sim, eu o farei.

Nesse instante, procurou-o o mordomo, dizendo a Lucrécio:

– Senhor, chegou-lhe uma correspondência e está escrito "Urgente" no envelope. Aqui está.

Lucrécio agradeceu e pediu licença a Adolfo,

abrindo a porta para lê-la no jardim. É de Andressa... – disse a si mesmo, vendo o remetente. E abriu-a:

"Senhor Lucrécio Philip"

Escrevo às portas da morte, mas não posso levar comigo a angústia da mentira, acobertando meu sobrinho Strúbel. Peço-te somente a caridade de não o maltratar, porque não desejo que ele saiba que te contei a verdade a respeito da criança loira, que tens aí como teu próprio filho.

Na noite em que levei a criança para tua mãe, achava que meu sobrinho tinha encontrado Katy e que era aquele teu verdadeiro filho, contudo, mais tarde, soube de uma vizinha que possuía uma criança recém-nascida e que chorava muito, porque seu filho havia desaparecido do berço. Ela é viúva e esse era o único filho que tinha com o marido, a quem muito amava. Luzia é seu nome, sempre cuidou de mim e é de um coração resplandecente de amor. Depois de tantos anos, ainda me visita, trazendo-me otimismo. E tão grande é a sua fé, que acredita que Jesus, um dia, entregará a ela a criança, em sua porta. Agora que teu verdadeiro filho está com o senhor, peço que tenhas caridade. Saberás que todo o bem que fizer, reverterá para ti mesmo. Conta-lhe a verdade e faça essa pobre mulher feliz.

E que Deus me perdoe e esteja comigo em minha derradeira passagem.

Andressa"

Abaixo, vinha o endereço de Luzia Stefanini e determinava o local e a porta em que ele deveria bater.

Adolfo notou a fisionomia pasma do amigo e preocupou-se. Algo grave deveria estar acontecendo e foi atrás dele.

– O que houve, meu amigo?

Lucrécio dobrou a carta e olhou para o horizonte. Sabia desde o princípio que aquele não era seu filho, contudo o amava. Teria que renunciar também a ele? Mas estava decidido que iria conversar com Philip, assim que ele voltasse da cidade. Em sua adolescência, o rapazinho compreenderia essa ocorrência?

– Aqui está, leia.

Adolfo leu a carta e confortou-o, batendo em suas costas, mas nada falou. Achou melhor sair e deixá-lo a sós, pois não sabia o que lhe dizer. Lucrécio estaria perdendo o filho que amava? Depois que Adolfo foi embora, triste pela situação de Lucrécio, este procurou por Ludmila, encontrando-a em seu dormitório com duas amigas que a auxiliavam a escolher a roupa para a festa noturna que teriam.

— Achas que este vestido com essa série de babados de tafetá e rendas ficará correto para a noite, esposo? – perguntou-lhe ao vê-lo. – Sei que tens bom gosto e gostaria de tua afirmativa.

— Sim, esse tom de azul-noite lhe cai muito bem pelo tom de teus olhos, Ludmila.

— Quero ir simplesmente bela, hoje mais que nunca. Afinal, a festa é...

— Sempre estás linda e nem precisas de tantos adereços, aliás, minha esposa, tu vives somente para isso, não é? – comentou.

— Que bobagem dizes, Lucrécio, afinal, vou a uma festa beneficente. E bem que gostas de me ver bela e admirada por todos.

O filho de Sophie fechou os olhos e imaginou ali Katy, se tivesse se casado com ela: belíssima, cheia de amor, mas simples e sempre alegre. Quanta diferença!

— Sim, é verdade. Gosto de te ver gastando rios de valores para representar bem nossa família. Todos te bajulam, mas toma cuidado. Vejo olhares desejosos em ti, sempre.

– Bem, isso eu não posso conter. É porque quase nunca acompanhas tua esposa, meu bem.

– Bem... Não foi para isso que vim te procurar. Peço, portanto, licença a tuas amigas para ter um momento em particular contigo. Assunto importante que envolve Philip.

As duas jovens sorridentes, que olhavam para Lucrécio com olhos de encanto, deixaram o dormitório. Pedindo licença à esposa, ele sentou-se aos pés da cama.

– Pronto, esposo, tu conseguiste o que desejavas: espantaste as minhas amigas. Um absurdo isso!

– Pensa o que quiseres. Não me é admitido colocar as minhas ideias em tua cabecinha – ia dizer cabeça vazia, mas se conteve para não iniciar uma contenda com a esposa. – O fato é que já sei de quem Philip é filho.

Ludmila sentou-se também, preocupada, e prestou atenção ao que Lucrécio começou a contar-lhe. Ao finalizar, ela apanhou a correspondência recebida instantes antes, leu-a e comentou, resignada:

– Bem... É uma pena. Eu gosto do rapazinho, mas sangue meu ele não tem. Gostaria até de ficar com ele e garanto que a mãe dele é uma pobretona que não tem o que comer e está atrás de alguém que lhe dê dinheiro.

– Ah... eu já devia prever essa tua maneira de pensar, sem coração, julgando pessoas que não conheces.

– Coração? Falta de coração é o que fazes comigo em não me dar meus próprios filhos!

– Ainda há tempo de termos mais uma criança nesta casa. Não combinamos procurar aquele bom médico alemão? – indagou Lucrécio, já incomodado. – Contudo, nunca tens tempo para viajarmos até lá, com esses teus compromissos sociais. Como podes, então, culpar-me? Não queres filhos, pois, se não, já estarias embalando alguma criança em teus braços.

Ludmila ergueu-se, olhou o horizonte pela janela, pensando, e decidida, respondeu:

– É isso! Acho que não quero crianças puxando minha saia e atrás de mim a todo o momento, e ainda com as mãos sujas de doce, como fez Philip tempos atrás.

– Ludmila – referiu-se Lucrécio, erguendo-se para deixar o quarto –, a vida que levas me desconforta, por isso não te acompanho nessas festas. É só em se divertir que pensas. Mas deixemos as palavras cruéis. Quero dizer-te o que pensei fazer a respeito de nosso filho. Eu pensei em...

– Ora, deixa de peripécias e fala logo. Aliás, penso que nem precisas me dizer o que queres fazer com esse menino grande. Deixo as soluções em tuas mãos. Agora sai, por favor, e pede que adentrem as minhas amigas.

Lucrécio deixou o quarto, fez um sinal para as amigas sorridentes de Ludmila e desceu as escadas, pensativo. Viu que os rapazes haviam chegado da cidade e mandou chamar Philip, em particular, pedindo que se sentasse, porque teriam uma conversa. O jovem assustou-se:

– Por que essa expressão, papai? Minha avó morreu?

– Não, meu filho, não é isso o que tenho a dizer-te, tua avó ainda é forte como aço e continua mandando em todos nós. Usando bengala, mas com a cabeça muito boa.

Com todo cuidado para não magoá-lo, Lucrécio iniciou, contando a Philip a história de uma mulher muito pobre que ficara grávida e perdera o esposo antes de a criança nascer. Philip ouvia-o atento, com os olhos azuis, brilhantes. Contou-lhe sobre o roubo da criança e do desespero da mãe que o amava muito. O rapazinho, ouvindo-o, cerrou o cenho e comentou:

– Pobre dessa mãe. Essa é uma história real, meu pai?

– Sim, meu filho. Mas não sei o que fazer para ajudar essa mulher.

– Pai, quem sabe podemos sair por aí para procurar o filho dela...

– Mas talvez ele esteja morando em outra casa, talvez em uma situação melhor, bem situado e com tudo o que precisa... O que farias no lugar da criança raptada se disso soubesses?

– Se fosse eu essa criança, eu iria abraçar a mãe para não deixá-la chorar novamente.

Muito comovido, o esposo de Ludmila inquiriu-o:

– E ficarias na pobreza?

– Bem... isso iria ser difícil, mas pediria aos meus pais adotivos para levá-la comigo. Assim, estaríamos todos unidos.

– Muito bem pensado, Philip. Mas... Se realmente isso tivesse acontecido contigo mesmo, não te revoltarias? Não irias te desesperar e deixar a casa atual em que estiveste vivendo até o momento?

— Meu pai, Frei Laudelino me ensinou que, antes de todas as coisas materiais, devemos pensar no verdadeiro amor familiar.

Sorrindo, Lucrécio Philip não se conteve e levantou-se, emocionado.

— Então, levanta-te, meu filho. Essa criança és tu, meu filho amado.

— E... eu? Mas eu não quero te deixar, meu pai!

Pai e filho se abraçaram, e Lucrécio, que aprendera a amar incondicionalmente, derramou algumas lágrimas, anotando ao rapaz:

— Em breve, teremos Luzia, aquela pobre mulher, tua própria mãe, morando aqui neste palácio.

O menino abraçou o pai, dizendo:

— Mas, então, o senhor não é o meu verdadeiro pai?

— Sempre serei teu pai, meu filho.

— Nunca me abandones, meu pai.

— Nunca te abandonarei, além do mais, também tens um irmão e, em Ludmila, tua outra mãe.

— Meu irmão também é adotivo? Lembro que ele tem outros pais.

— Não, Lucrécio Lindolfo é meu próprio filho com a mulher que muito amei, mas quero que saibas que o amor que sinto por um, também sinto pelo outro. Vocês dois são boas pessoas, corretos, geniais.

— Bem... Isso eu achava óbvio, pois colocaste nosso nome nele... — Philip comentou, sorrindo e fazendo uma careta. — E eu fiquei feliz, porque agora tenho um irmão.

— Sim, somos agora uma família maior — aclarou Lucrécio, com os olhos molhados, abraçando-se ao menino e imaginando a sua Katy ali, sorrindo também para ele.

Todos imaginam o final de uma história espírita quando os personagens sabem a importância do verdadeiro amor, contudo, o amor incondicional não é fácil de exemplificar para a maioria das pessoas, pois é necessário muito desprendimento.

À noite, na casa pobre e triste de Luzia, bateram à porta. Era uma batida rápida, mas forte. "Quem será?" Perguntou-se a mulher de seus trinta e oito anos. Andressa desencarnara havia seis semanas, e Luzia, sem a amizade sincera da tia de Strúbel, sentia-se muito só. Outra batida na porta, mas desta vez mais fraca, como a de pessoa mais jovem.

– Ah, meu Deus, será? Será que chegou o meu menino à minha porta?

Passou as mãos pelos cabelos claros e ajeitou o avental, alisando-o com as mãos para retirar o amassado e foi até a porta da entrada. Seu coração batia descompassado. Pressentia a felicidade. Procurou abri-la levemente, colocando somente a cabeça para fora. Então, viu ali um rapazinho loiro, com os olhos azuis como os dela. Franziu as sobrancelhas como que inquirindo ao elegante homem quem era aquela criança. Mas Lucrécio não esperou ela falar. Simplesmente, afirmou:

– Senhora Luzia, veja como é parecido contigo esse menino.

Ela novamente olhou-o como lhe perguntando a mesma coisa, pois seu coração não a permitira falar. Então, pediu:

– Por favor, entrai.

Ajeitou-se em um banquinho à frente dos dois outros que dera aos visitantes e fez a Lucrécio um indagador olhar.

— Sim, senhora Luzia, aqui está o teu filho.

Nesse momento, os olhos da mulher se encheram de lágrimas; ajoelhou-se ao chão, mãos postas, erguendo os olhos ao alto, como agradecendo a Deus, e logo ergueu-se e estendeu os braços para Philip que, sem jeito perante a desconhecida, caminhou lentamente.

— Posso abraçar-te? Tanto esperei por este momento! Tanto! — pediu-lhe

Abraçou-se ao rapazinho e chorou de alegria, enquanto Philip, temeroso, falou a ela, acanhadamente:

— Senhora... Não chores mais, eu já voltei.

Luzia fez sinal que consentia, enquanto apanhava o avental para secar suas lágrimas.

Também emocionados pela abnegação daquele coração sofrido, olhamos para o conde com carinho. Ali estava mais uma renúncia de Lucrécio Philip em favor de seu próximo. Certamente, ele já teria créditos reservados para os resultados dos acontecimentos atuais.

Lucrécio aguardou Luzia acalmar-se e comentou com ela tudo o que havia acontecido, dizendo que não soubera quem fora o autor do rapto:

– Bendita Andressa, bendita! – disse ela, ainda chorosa – Antes de sua morte, ela ainda me falou:

"Minha filha, eu tenho a certeza de que, em breve, terás muitas alegrias".

Luzia novamente abraçou-se ao filho, olhando, com olhar sorridente, mas choroso, para os olhos azuis como os dela, ali à sua frente.

– Senhora, nós queremos que deixes essa pobreza e venha morar conosco – convidou o rapazinho, complacente.

– Morar? Mas... sou tão simples, meu filho. Não sei se vou me dar bem longe da minha comunidade. Eu lavo roupas... Vais ficar longe de mim, meu filho?

– Não, nós vamos levá-la agora conosco. O pai que eu conheci foi este, mas poderemos ficar todos juntos. Nada tema, não vamos te fazer mal – disse o menino, apanhando sua mão.

– Mas eu tenho um gatinho...

– Onde ele está? Eu o levo em meu colo.

– Mas... então, eu preciso arrumar algumas coisas...

– A senhora faria um bem muito grande se

deixasse tudo para aquele vizinho ali. Olha só o pobre homem, está com caixas amontoadas nas partes estragadas da casa.

— Mas... este é o meu cantinho. Aqui, fui feliz com o zíngaro e não conseguirei morar em um palácio.

— Senhora – disse, ainda sem coragem de chamá-la de mãe –, irá adorar o lugar. Poderemos morar na cabana ligada ao palácio, que é mais simples, não é, papai?

— Sim, meu filho. Poderão conviver mais à vontade lá, se quiserem – concordou Lucrécio, abraçado ao menino.

— Então vamos, meu filho. Não quero mais ficar longe de ti.

Fabulosa evolução! Pensamos, com os Espíritos iluminados que acompanhavam o caso, sobre o amor que fora impossível para a cigana e o conde. Olhávamos encantados, revendo a beleza daquela cena de amor sincero entre as pessoas envolvidas. E voltando para esta encarnação, na qual o verdureiro abraçava, igualmente, a menina no leito de morte, entreolhamo-nos emocionados, pedindo a Deus que aquela criança pudesse viver para acompanhar, ainda que por um tempo, o afeto sincero de sua alma. Nós chorávamos ao vermos a vida infeliz da personagem, que voltara agora à carne para colher os frutos de sua semeadura anterior, mas compreendíamos a vida que se enlaçava a tênue passado, o passado que sempre é registrado em nosso perispírito. No momento em que Katy recebeu as insinuações suicidas dos seres infelizes que a ela se imantaram, os Espíritos amigos que a acompanhavam, desde a mais tenra idade, muito fizeram para que aquele ato terrível não acontecesse. Inclusive o próprio Lucrécio fora advertido para que a procurasse em Varsóvia. Todavia, ele chegara no momento final, que transformou a próxima reencarnação de Katy em resgate.

A luminosidade do amor, contudo, transforma, modifica, eleva, e seria isso, esperávamos, o que beneficiaria a vida atual de Gustavo com sua filhinha, cuja renúncia por amor, na anterior encarnação, muito havia contribuído para essa vida atual, quanto aos desvios cármicos.

Ali, ansiosos, aguardávamos o resultado dos Espíritos iluminados, atraídos por tão inflamável prece do pai em desespero. Sendo revisto aquele passado, seriam eles os responsáveis a proporcionar o auxílio ao destino de pais e filhos, conforme a necessidade reencarnatória deles.

— Senhor – pedi eu mesma –, esperança, Senhor, ao coração que errou, mas que nesta vida na Terra, como na anterior, tanto renunciou por amor, sofreu, e está sofrendo ainda por essa alma, a quem tanto ama.

Nesse momento, vimos, sobre o leito onde o pequeno corpo suava em demasia, o pai torturado colocar as mãos sobre a testa da menina, irradiando luzes azuladas que, através da espiritualidade angélica de Maria, transformava, pouco a pouco, seu estado físico. Fachos de luzes, vindas dos Espíritos superiores, cruzavam o ambiente, e flores perfumadas, não vistas a olhos humanos, levadas por amigos de outras épocas, adornavam o ambiente, o que nos emocionou sensivelmente.

Finalmente, a menina abriu os olhos e disse a seu pai:

— Estou com fome, papai.

Gerard, Adolfo, Andressa, Sophie e seu próprio pai estavam ali, sensibilizados pela vitória daquela que teria de purgar sua desencarnação suicida, mas que, neste momento, vencia, à luz do verdadeiro amor.

Os soluços de alegria do torturado homem, que num relance a apertou contra o peito, ressoaram no pequeno e rústico dormitório. Ela estava salva!

Vencera a vida, vencera o amor!

Nós ali sorríamos, contudo não podíamos evitar as lágrimas que nosso coração sensível derramava. O trabalho da espiritualidade, quando se consegue o sucesso da obra, preenche todos os corações com exultação.

Amigos queridos, quando há em nós esse sentimento radiante, com doação de nós mesmos, que ilumina nossas estradas, chegando a transformar nosso próprio destino, Jesus nos felicita; isso porque estamos conseguindo encontrar o roteiro, comentado sempre, que nos leva a Ele.

Por isso, dizemos que o amor, fonte poderosa, energia sublime, vindo de uma alma cheia de renúncias e de bem, certamente, vencerá!

Yvonne

No ano de 1963, **FRANCISCO CÂNDIDO XAVIER** ofereceu, a um grupo de voluntários, o entusiasmo e a tarefa de fundarem um Anuário Espírita. Nascia, então, o Instituto de Difusão Espírita - IDE, cujo nome e sigla foram também sugeridos por ele.

A partir daí, muitos títulos foram sendo editados e o Instituto de Difusão Espírita, entidade assistencial, sem fins lucrativos, mantém-se fiel à sua finalidade de divulgar a Doutrina Espírita através da IDE Editora, tendo como foco principal as Obras Básicas da Codificação, sempre a preços populares, além dos seus mais de 300 títulos em português e espanhol, muitos psicografados por Chico Xavier

O Instituto de Difusão Espírita conta também com outras frentes de trabalho, voltadas à assistência e promoção social, como o Albergue Noturno, evangelização, alfabetização, orientação para mães e gestantes, oficinas de enxovais para recém-nascidos, entrega de leite em pó, vestuário e cestas básicas, assistência médica, farmacêutica, odontológica, tudo gratuitamente.

Este e outros livros da **IDE Editora** subsidiam a manutenção do baixíssimo preço das **Obras Básicas, de Allan Kardec**, mais notadamente, "**O Evangelho Segundo o Espiritismo**", edição econômica.

Conheça mais sobre a Doutrina Espírita
através das obras de **Allan Kardec**

www.ideeditora.com.br

OUTRAS OBRAS DA AUTORA ▶ LÉA CARUSO

Escravos do Próprio Espírito
Espírito YVONNE

Dramas de Uma Consciência
Espírito JOSÉ

Em meio a fendas de escuro e tenebroso abismo, um Espírito sofredor, vítima de si mesmo, permanece inerte, embora em constante transformação fisionômica e corporal.
Trabalhadores espirituais partem, então, em seu auxílio e começam a percorrer os caminhos históricos que o levaram a tão atroz situação.
E a história nos revela duas de suas últimas encarnações, nas quais veio a contrair pesados débitos perante a vida: no Brasil Império, como um sargento, ávido de poder; e na Roma Antiga, como prepotente centurião, enceguecido por doentia paixão.
Épocas distintas, oportunidades perdidas.
Até que ponto um Espírito poderá atentar contra si mesmo por pura satisfação de seus desejos?

Época da crucificação de Cristo. Por que ninguém o defendeu quando foi julgado por Pilatos?
Onde estava, nessa hora, a multidão que o acompanhava sempre, pelos caminhos da Galileia e da Judeia?
Nesta pungente obra, penetraremos no profundo drama de consciência do judeu Ezequiel, que, numa profunda ingratidão para com Jesus, foi um dos que o traíram e incitaram o povo na escolha da liberação de Barrabás.
Também a desfilar nesta obra, diversos personagens daquela época a marcarem, indelevelmente, os difíceis caminhos iniciais do Cristianismo.
Amor, ambição, sedução, renúncia, intriga, traição, remorso, e outros tantos sentimentos, compõem esta inspirada obra, levando a emoção pura ao coração dos leitores.

www.ideeditora.com.br

OUTRAS OBRAS DA AUTORA ▶ LÉA CARUSO

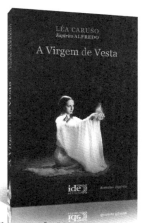

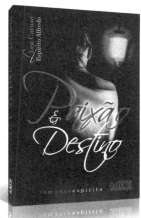

A Virgem de Vesta
Espírito ALFREDO

Paixão e Destino
Espírito ALFREDO

França, século XVI.
Época do Rei Henrique III e a perseguição aos huguenotes, os primeiros protestantes; de Catarina de Médice e da cruel noite de São Bartolomeu.
E é nesse cenário de poder, riqueza e sedução, que os personagens desta obra vivem avassaladora história, de intrigas e paixões, consequência de erros e desacertos, que teve seu princípio muitos anos antes, na Grécia, época do Império Romano, onde alguns desses Espíritos ali viveram, envolvidos com uma das virgens do Templo de Vesta, guardiã do fogo sagrado.
Dois períodos, uma única história, marcada por oportunidades e desvarios que atravessaram séculos, confirmando que somos artífices de nossa própria vida e que a colheita dependerá inevitavelmente daquilo que semearmos.

Século XIX... reencontro de almas... o ato mais desagradável a Deus... o abandono da mulher amada... um Espírito desencarnado... sofrimento... ciúme...
Tudo isso e muito mais nesta obra que nos traz o exemplo, a busca, o caminho e a lição do perdão e do amor ao próximo.

www.ideeditora.com.br

ideeditora.com.br

✻

Acesse e cadastre-se para receber
informações sobre nossos lançamentos.

twitter.com/ideeditora
facebook.com/ide.editora
editorial@ideeditora.com.br

ide

IDE Editora é apenas um nome fantasia utilizado pelo INSTITUTO DE DIFUSÃO ESPÍRITA, entidade sem fins lucrativos, que promove extenso programa de assistência social, e que detém os direitos autorais desta obra.